Wo München am schönsten ist

Wo *München* *am schönsten ist*

Karin Jacobs-Zander

Ellert & Richter Verlag

Inhalt

Einleitung

Der erste Eindruck, den ich als Kind von München erhielt, erscheint mir heute noch märchenhaft. Mit dem Nachtzug war meine Familie aus Hamburg im tief verschneiten Bayern angekommen, um am nächsten Tag hundert Kilometer weiter südlich in den Alpen den ersten von zahlreichen Winterurlaubsaufenthalten zu beginnen. Wie unter einem weißen Zauber schien mir diese Stadt mit ihren vielen Kirchen und deren merkwürdigen Zwiebeltürmen, den kleinen, aus Hamburger Sicht eher engen Straßen und den alten hochherrschaftlichen Gebäuden zu liegen. Fünf Jahre alt war ich damals und ahnte nicht, dass ich fortan jedes Jahr wieder nach München kommen würde. Alles, was zwischen Hamburg und München in Deutschland lag, lernte ich erst viel später kennen, denn immer kamen wir mit dem Zug, oft das Auto huckepack verladen, in den Morgenstunden in München an, um nach einem kurzen Aufenthalt in südlicher Richtung weiterzufahren. München leuchtete – ohne von der Existenz der Novelle „Gladius Dei“ von Thomas

Mann und ihrem berühmten Anfang: „München leuchtete ...“ auch nur das Geringste zu wissen, waren es genau diese Worte, die ich jedes Mal fühlte, wenn wir in München ankamen. Hier begann der helle, warme Süden, hier öffnete sich die Welt zu Farben und zur Musik, hier waren die Alpen so nah und alles schien mir glänzend und irgendwie schwerelos. Kindereindrücke, sicher – aber sie prägten mein Bild von dieser Stadt und sind mir bis heute geblieben. Als es nach dem Abitur darum ging, eine Universität auszusuchen, fiel meine Wahl fast konkurrenzlos auf München – und damit waren die Würfel für mein weiteres Leben gefallen. München war nun nicht mehr der Zauberort, in dem die Freiheit der Ferien ihren Auftakt hatte, sondern Wohn- und Arbeitsstadt. Ich lernte die Münchner kennen und kam ihren Eigenarten auf die Spur. Zuerst als Studentin, später durch meine Arbeit am Residenztheater und als Journalistin am Münchner Merkur erlebte ich die „echten“ Münchner und die Bayern, die aus dem Umland hierher gezogen waren, und dazu noch die „Zuagroasten“ (die Zugereisten, die geblieben sind). Ich versuchte, mich in ihren Dialekt hineinzuhören, erlebte ihre Begeisterung für Theater, Musik und eine sehr eigenständige Volkskunst, ich ertrug ihre Sturheit und ihren Grant (die berühmte schlechte Laune) und lernte ihren eigenartigen Humor zu verstehen. Überrascht wurde ich von der Großzügigkeit und einer liebenswürdigen Begabung der Bayern zu Toleranz und Herzlichkeit, die nur scheinbar im Gegensatz zu ihrem trotzigen Festhalten an Traditionen, ihrer Liebe zum „Freistaat“ und häufig auch zu ihrer Verehrung des Königshauses steht. München ist die

Hauptstadt eines Landes, das zwar nach Süden durch hohe Gebirgszüge begrenzt ist, doch die Verbundenheit mit den Alpen bedeutet auch, den Blick über sie hinweg nach Österreich, zu den Ländern auf dem Balkan, nach Tirol und weiter bis nach Italien zu wenden. So ist es nur natürlich, dass die Stadt und ihre Menschen weltoffen und freundlich denjenigen begegnen, die von Ferne zu ihnen kommen. Wohl fast jeder Münchner kennt die Länder jenseits der Berge, besonders Italien, wie die eigene Heimat, kann skifahren, als sei er auf einer Berghütte geboren worden – und nur eine Minderheit hat, nach meinen Erfahrungen, ein besonders großes Interesse an dem Norden Deutschlands und Europas. Verstand, Herz und alle Sinne scheinen in München einen Kompass zu haben – und der zeigt nach Süden.

Längst bin ich hier verwurzelt, fest eingebunden in Familie und Freundeskreis, und kann aus fester Überzeugung sagen: Hier bin ich zu Hause, hier fühle ich mich geborgen, denn München ist eine liebenswerte, bunte Stadt mit einem großen Herzen und weit ausgebreiteten Armen. Sollte ich jedoch beschreiben, wo diese Stadt besonders schön, ja, wo sie gar am schönsten ist, so kann ich nur um Verständnis bitten, dass ich mich mit einer Ausnahme der Wertung enthalte. Für mich persönlich ist der Max-Joseph-Platz vor der Staatsoper der schönste Ort in München – aber das ist eine durchaus subjektive Meinung, so wie auch die Auswahl der Orte, die in diesem Büchlein vorgestellt werden, ganz und gar aus meinen persönlichen Erlebnissen herrührt. Jeder Liebhaber der Stadt wird seine eigenen „schönsten“ Orte, Häuser, Plätze kennen, denn das gehört

nun einmal zum Wesen der Liebe: So richtig wissen wir nicht, warum wir lieben, wir wissen nur, dass wir nicht darauf verzichten wollen.
So soll dieses Buch dem Leser die Augen öffnen, um einige der besonderen Orte der Stadt und ihrer nahen Umgebung zu entdecken und ihre Atmosphäre zu erspüren – sei es zum ersten Mal oder noch einmal ganz neu – und für sich selbst zu entscheiden, wo München am schönsten ist.

Voller Kunst und Lebenslust

Der Max-Joseph-Platz

Nationaltheater, Residenztheater, Königsbau, Palais an der Oper, Residenzstraße

Schließe die Augen, stelle dir vor, du bist auf einem Schiff mitten im Ozean, lehnst an der Reling und denkst an München – wo siehst du dich? Jeder, der München kennt, wird diese Frage anders beantworten. Für mich entsteht sofort und mit großer Tiefenschärfe ein Bild vor meinen Augen: Ich stehe an einem schönen Sommerabend zwischen den Säulen vor dem Nationaltheater, dem Spielort der Bayerischen Staatsoper, die Sonne neigt sich ganz langsam, die Farben werden milder. Elegant gekleidete Damen und Herren steigen die weit ausladende Treppe, auf deren oberster Stufe ich stehe, hinauf. In München gibt es sie noch, die großen Roben zu kulturellen Anlässen. Die klassische Kultur wird geschätzt und man erweist ihr und sich selbst die Ehre.

Vor mir liegt der Max-Joseph-Platz, benannt nach dem von 1799 bis 1825 regierenden ersten König Bayerns, dessen Denkmal in seiner Mitte thront. Einmal im Jahr während der Opernfestspiele, an einem meist warmen Sommerabend sitzen hier Tausende von jungen und nicht mehr ganz jungen Münchnern auf mitgebrachten Stühlen und Decken wie zu einem Picknick. Alle Aufmerksamkeit ist dann auf eine große Leinwand gerichtet, auf der die gerade laufende Vorstellung im Nationaltheater übertragen wird. „Oper für alle“ heißt dieser Open-Air Event, der sich großer Beliebtheit erfreut. Wie

einige andere Städte auch bietet München Musikfreunden oder auch nur zufällig Vorbeikommenden die Gelegenheit, eine Aufführung auf hohem Niveau kostenlos und ganz und gar ungezwungen mitzuerleben. Schon so mancher Besucher dieser Open-Air-Veranstaltungen ließ sich von der Musik, den Stimmen und der Inszenierung faszinieren und wurde so zu einem Opernliebhaber. Es ist ja auch ein besonderes Geschenk, die Gesangsstars zuerst auf der Leinwand in Großaufnahme und danach hautnah beim Applaus auf dem Platz zu erleben.
Die Realität dort draußen ist sehr weit entfernt, wenn man nach einem Rundgang durch die prachtvollen Säle im Obergeschoss des Nationaltheaters schließlich in dem ganz in Rot, Weiß und Gold gehaltenen Zuschauerraum seinen Sitz einnimmt, während die Musiker im Orchestergraben ihre Instrumente stimmen. Noch bevor sich der schwere rote

Vorhang mit den goldenen Lorbeerkränzen öffnet, spürt man einen Hauch von Erhabenheit und gespannte Neugier auf das, was sich gleich auf der Bühne ereignen wird. Das Münchner Opernhaus ist eines der schönsten und mit seinen 2100 Plätzen auch größten Musiktheater Europas. So klassisch seine Architektur sein mag, so stehen doch die Aufführungen ganz in der Gegenwart des internationalen Kunstgeschehens. Nur noch wenige Inszenierungen beschwören den Charme der Vergangenheit oder orientieren sich an den großen Regie-Meistern wie August Everding und Jürgen Rose, die meisten sind mutig, teilweise avantgardistisch und manchmal wagen sie sich bis an die Grenze der Provokation. International bekannte Regisseure, ein großartiges Orchester mit herausragenden Dirigenten, ein begeisternder Opernchor und vor allem die Weltstars des Gesangs, die hier regelmäßig gastieren, sorgen für weltweite Aufmerksamkeit.
Die Münchner hängen an ihrem Nationaltheater und haben es als Teil ihrer Identität ins städtische Leben integriert. Wie wichtig es ihnen schon immer war, zeigt der Blick in die Geschichte. Zweimal wurde der von König Maximilian I. Joseph in Auftrag gegebene und von Architekt Karl von Fischer 1818 umgesetzte Theaterbau, der an die Gestalt eines griechischen Tempels erinnert, nach vollkommener Zerstörung gerettet und wieder restauriert. Ein Brand zerstörte ihn schon 1823, wenige Jahre nach der Eröffnung, bis auf die Grundmauern. Prachtvoller und um die neu gestaltete Säulenhalle am Eingang noch vergrößert, wurde das Nationaltheater wieder aufgebaut. Über ein Jahrhundert später hätte ein Bombenangriff während des Zweiten Weltkriegs dann fast

sein Ende bedeutet. Die Oper lag in Trümmern, nur die äußere Fassade zum Platz hin war wie durch ein Wunder verschont geblieben. Beim Betrachten alter Fotos von 1945 glaubt man auch heute noch das Stöhnen aus den leeren Fensterhöhlen der Ruine zu vernehmen. Als es an das Aufräumen und Wiederaufbauen der Stadt ging, wurde zunächst über den Abriss des Hauses diskutiert, doch zahlreiche Bürger machten sich für einen Wiederaufbau stark und retteten damit diesen wichtigen Schatz Münchens.
Ich sehe mich noch immer auf dem Säulenportal vor den Eingängen stehen. Mag sein, dass die Gestaltung des Max-Joseph-Platzes optimierungsfähig ist. Sicher könnte sein Anblick idyllischer sein ohne die Schlange der in die Tiefgarage fahrenden Autos und ohne die sinnfreien Absperrungen mitten auf dem Platz, die das Überqueren zu einem Hindernislauf machen. Pläne für mögliche Verschönerungen geistern seit Jahren immer wieder durch die Zeitungen. Doch ich kenne den Platz nicht anders, als er jetzt ist, fülle ihn mit vielen guten Erlebnissen und denke, dass er für mich gern noch eine Weile so bleiben könnte: ein wenig unaufgeräumt, schön bunt und voller Lebensfreude, wie das Wohnzimmer einer vielköpfigen Mehrgenerationen-Familie eben.
Seine Kontraste sind es, die ins Auge fallen. Auf drei Seiten stehen imponierende klassizistische Bauten. Die Stirnseite des Platzes gehört der Kunst. Neben dem alles überstrahlenden klassizistischen Nationaltheater wirkt das von 1948 bis 1951 nach Entwürfen von Karl Hocheder erbaute Residenztheater wie das kleine Stiefschwesterchen der großen Oper, in die Ecke gedrängt und unscheinbar. Die Schlichtheit des Eingangsportals zeigt einen hier ganz unerwarteten

Hauch von Modernität, der nicht recht zum traditionellen Gesamteindruck des Platzes passen will. Stiefmütterlich, so scheint es, wurde das Sprechtheater behandelt. Doch der Eindruck täuscht. Was aussieht wie ein mit wenig Liebe gestalteter Anbau der Oper, beherbergt das Bayerische Staatsschauspiel, das in der deutschen Theaterlandschaft seit Jahrzehnten unter wechselnden Intendanten mit hervorragenden Schauspieler-Ensembles und spannenden Regisseuren von sich reden macht und von den Münchnern liebevoll „Resi" genannt wird. Die schmucklose Fassade sollte man nicht stirnrunzelnd betrachten, sondern eher als Motto und als Einladung verstehen. So bürgerlich und konventionell München sein mag, so lässig und teilweise auch trotzig will dieses Staatstheater seine Kunst zur Diskussion stellen, will aufregen und irritieren. Die Nähe von Sprech- und Musiktheater ist nicht nur räumlich zu verstehen. Beide Kunstformen gehören zueinander und können sich gerade hier in München gegenseitig inspirieren. Dass der Intendant des Resis schon mal schnell nach nebenan eilt, um dort Regie zu führen, gehört zu den Eigentümlichkeiten der beiden miteinander verbandelten Theater. Bühnenkunst sollte in eine fremde Gedankenwelt hineinziehen, emotional berühren, dabei Anlass zum stillen Nachdenken und manchmal auch zur Diskussion geben. Stoff dafür liefern sowohl das Resi als auch immer wieder die Oper. Dass ihre Häuser so grundverschieden erscheinen, macht den Reiz aus. Die Disharmonie tut dem sonst so großbürgerlichen Platz gut, denn er lebt ja mit den Menschen und ihren Unterschiedlichkeiten.

Direkt anschließend an das Staatstheater geht es dann sehr adelsträchtig zu. Der Königsbau der Resi-

denz wurde von 1826 bis 1836 von Leo von Klenze nach dem Vorbild florentinischer Renaissancepaläste geschaffen und zeigt sich noch heute in seiner ganzen schmucken Schönheit. In diesem wichtigen Teil des großen Stadtschlosses hat die ehrwürdige Bayerische Akademie der Schönen Künste ihren Sitz. Von hier aus erreicht man auch das Residenzmuseum, in dem beeindruckende Schätze des Hauses Wittelsbach zu bewundern sind (siehe Seite 22).
Dem Königsbau direkt gegenüber auf der anderen Seite des Platzes liegt das Palais Toerring-Jettenbach oder eher das, was von ihm noch übrig geblieben ist in seiner wechselhaften Geschichte. Das ursprüngliche Rokokopalais, das im 18. Jahrhundert als anspruchsvollster Palast in München galt, hat große und weniger erhebende Zeiten gesehen, bis die barocken Bauteile im Zweiten Weltkrieg schließlich weitgehend vernichtet und danach nicht wieder aufgebaut wurden. Schon seit 1839 fristete es ein wenig herrschaftliches Dasein als Hauptpostamt. Umgebaut, modernisiert und mit neuem Namen versehen beherbergt es als „Palais an der Oper" jetzt Boutiquen, exklusive Büros und Wohnungen sowie ein Café in den italienisch anmutenden Arkaden, die Leo von Klenze bei der Umgestaltung als Postgebäude hinzugefügt hat.
So langsam wird es für mich Zeit, den vielen hoffnungsvollen Menschen mit großen Schildern, auf denen sie „Suche Karte" geschrieben haben, zu weichen. Ich werfe noch einen letzten Blick auf den Max-Joseph-Platz. Angelehnt an den Königsbau und vor den Stufen zum Denkmal liegen sich jetzt Liebespaare in den Armen, diskutieren Studenten miteinander und ruhen sich Angestrengte von der Arbeit

aus. Hinter ihnen erstreckt sich das bürgerliche München mit seinen kleinen Straßen und den schmalen Häusern, die das Mittelalter noch ahnen lassen, dahinter lugen die Türme der Frauenkirche hervor. Noch herrscht reges Leben in der Residenzstraße mit ihren feinen Geschäften. Große Tüten mit verräterischen Logos an den Armen eiliger Damen erzählen von getätigten Einkäufen, Freunde treffen sich, suchen Plätze in Cafés und Restaurants und so mancher Geschäftspartner wird zur Stimmungsoptimierung an diesen fröhlichen Platz geladen.

Vor dem altehrwürdigen „Spatenhaus" sitzen die Münchner und ihre Gäste auf harten Stühlen beim Bier, genießen leckeres bayerisches Essen, betrachten die hell erleuchtete Oper und lassen sich durch die erregte Spannung der Musikbegeisterten nicht aus ihrer Ruhe bringen. Ja, wirklich: Es sind die Gegensätze, die diesen Platz so liebenswert machen.

Für mich ist es jetzt an der Zeit, das Nationaltheater zu betreten, denn gleich beginnt eine der Vorstellungen, die für mich Opernglück bedeuten.

Info

Bayerische Staatsoper (Nationaltheater)
Max-Joseph-Platz 2, 80539 München
Tickets: Tel. 089 21851920
www.staatsoper.de

Residenztheater
Max-Joseph-Platz 1, 80539 München
Tickets: Tel. 089 21851940
www.residenztheater.de

Ein Stadtschloss mit vielen Facetten

Die Residenz

Herkulessaal, Cuvilliéstheater, Allerheiligen Hofkirche, Kabinettsgarten

Es ist ein warmer Mittag im späten September, genau der richtige Moment, um auf den Stühlen vor dem „Spatenhaus“ Platz zu nehmen und mit einem erfrischenden Weißbier samt Leberkäs den zweiten Teil des Tages einzuleiten. Die frühherbstlichen goldenen Sonnentage in München haben einen einzigartigen Charme und gehören für mich zu den Wundern Bayerns. Wenn an anderen Orten schon die herbere Jahreszeit einzieht, kann man sich fast sicher darauf verlassen, dass hier noch einmal die ganze Strahlkraft des Sommers durchbricht. Und da in dieser Zeit auch das Oktoberfest die Tore öffnet, ist es klar, dass Münchner und Gäste nur allzu gern ihre Dirndln und Lederhosen ausführen, weil sie einer lebendigen bayerischen Tradition die Ehre geben wollen. Nun gut – vieles ist dabei Geschmacksache: Es gibt die Echten, die Auffälligen und die Verkleideten – aber alle Variationen des bayerischen Outfits sind erlaubt. Das „Spatenhaus“ ist in dieser Zeit ein beliebter Treffpunkt für ein oktoberfestbeseeltes Völkchen, das anschließend auf der Wies’n

vielleicht in Kufflers Weinzelt, das zum Spaten gehört, weiterfeiert. Der Blick von hier auf die Residenz zeigt die beiden Welten, die München so lebenslustig und bunt machen, weil sie sich voneinander absetzen und doch nicht ohne einander auskommen können: hier das bürgerliche München, ein bisschen laut oft, auch grob und ungehobelt, aber echt, liebenswert und durchaus der Kunst in vieler Weise zugetan. Man scheut sich nicht, Klischees zu bedienen, aus denen sich das Image der Stadt gebildet hat, doch im Grunde unterwirft sich der echte Münchner nur ungern und sehr grantig den Zumutungen des Touristischen und den Leuchtfarben der Prominenten, die längst zu München gehören.
Nicht als Gegensatz, sondern als wesentliche Ergänzung des Münchner Lebensgefühls zeigt sich auf der anderen Seite des Max-Joseph-Platzes in der Residenz die Welt des Adels, die hier immer verbunden war mit der Kunst der Malerei, der Musik und des Theaters und es bis heute geblieben ist. Die Künstler, von denen viele aus der Bourgeoisie stammen, sind es, die beide Welten miteinander verbinden, indem sie den Zuschauern und Betrachtern, woher sie auch kommen mögen, einen Spiegel vorhalten, sie zum Staunen und Nachdenken bringen, gerade weil sie unangepasst ihre Freiheit der Gestaltung über jede Konvention stellen.
Das Schloss – pardon, natürlich die Residenz – mitten in der Geschäftigkeit der Münchner City ist durchaus imponierend, legt sie doch Zeugnis von Glanz und Gloria der bayerischen Hauptstadt ab. 600 Jahre lang beherbergte die Residenz Herzöge, Kurfürsten und Könige. Begonnen hatte alles im 14. Jahrhundert mit einer gotischen Wasserburg, der

Neuveste, in die sich die frühen Herzöge flüchteten, wenn ihnen kriegerische Situationen in ihrem nahe gelegenen Herrschaftssitz, der Alten Veste (heute Alter Hof, siehe Seite 31), zu brenzlig erschienen. Bald schon verwandelte sich die neu erbaute Schutzburg immer mehr in ein repräsentatives Schloss und übernahm schließlich die Funktion des Herrschaftssitzes. Aus der Neuveste wurde die Residenz. Die Verwandlungen wollten kein Ende nehmen. Immer wieder wurde umgebaut, erweitert, verschönert, je nach dem Geschmack und den Anforderungen der Zeiten. Das Antiquarium und der Brunnenhof stammen aus den ersten Jahrzehnten der baulichen Erweiterungen. Im 16. Jahrhundert war aus der Wasserburg ein schmuckes Renaissanceschloss geworden, das den Ansprüchen der Wittelsbacher, die seine Herren waren und über viele Jahrhunderte bleiben sollten, entsprach. Doch der Wunsch nach Pracht und Eleganz und, nicht zu vergessen, nach dargestellter Macht war noch lange nicht gestillt. Prächtige Räume entstanden zur Zeit des Barock und des Rokoko. Immer größer, immer schöner wurde die Residenz, bis sie schließlich im 19. Jahrhundert unter König Ludwig I. ihr jetziges Erscheinungsbild erhielt.

Man könnte Tage damit zubringen, die vielen Höfe und die großen und kleinen Prunksäle wie zum Beispiel das Antiquarium mit rund 300 Marmorbüsten im größten profanen Renaissancesaal nördlich der Alpen, die „Reichen Zimmer“ mit ihrer goldglänzenden Barockausstattung, darunter die Grüne Galerie mit der Gemäldesammlung, sowie den klassizistischen Königsbau mit den Prunkappartements Ludwigs I. und den von Julius Schnorr von Carolsfeld ausgemalten Nibelungensälen zu besuchen, die Museen und Sammlungen wie die Schatzkammer mit den bayerischen Kroninsignien, die Staatliche Sammlung Ägyptischer Kunst, die Ostasiensammlung, die Sammlung Europäischer Miniaturen, die Silber-, Paramenten- und Reliquienkammern und die Meisterwerke der Bronzekunst zu bewundern und die architektonischen und stilistischen Wandlungen zu verfolgen. Es würde sich bestimmt auch lohnen, Zeit zu investieren, um sich mit der Geschichte der Residenz ganz und gar vertraut zu machen und schließlich erkenntnisgeladen und einigermaßen erschöpft die Bedeutung dieses größten Innenstadtschlosses Deutschlands zu verstehen.

Schloss und Stadt gehören eng zusammen. München ohne die Residenz ist gar nicht vorstellbar und gern suche ich Orte darin auf, die mich gedanklich in meine frühen Münchner Jahre zurückleiten. Doch niemals ist es wie beim letzten Mal, immer wird der Eindruck des Vergangenen durch ein neu entdecktes Detail oder eine Stimmung, die sich auf die alten Mauern legt, verändert. Die Residenz lebt mit den Menschen und ist alles andere als vergangene Pracht. Ganz vorn in der Liste meiner Favoriten steht seit Langem der Herkulessaal, ein imponierender Konzertsaal im Stil des Neoklassizismus. Nach dem Krieg, als die Residenz in Schutt und Asche lag, wurde er an der Stelle des alten Thronsaals zur Seite des Hofgartens hin errichtet. Jahrzehntelang, bevor der „Gasteig" (siehe Seite 120) gebaut wurde, teilte er sich mit dem Konzertsaal im Deutschen Museum die großen Musikereignisse Münchens. Es lohnt sich auch heute, im Herkulessaal ein Konzert zu besuchen und den Saal nicht als musealen Raum, sondern als lebendige Musizierstätte zu erleben.

Sehr persönliche Erinnerungen verbinden mich mit dem Cuvilliéstheater, einem Schmuckstück der ganz besonderen Art. Als neuer „Lehrling" in Sachen Regie wurde ich vom damaligen Intendanten des Residenztheaters Kurt Meisel für eine erste Mitarbeit bei einer Inszenierung auf dieser zweiten Spielstätte des Bayerischen Staatsschauspiels eingeteilt. Wochenlang kannte ich nur die unter dem Dach gelegenen Probenräume, doch dann kam der Tag der ersten Hauptprobe. Ein wenig früher als die Schauspieler, die sich noch in ihren Garderoben einrichteten, betrat ich die kleine Bühne und vor mir lag dieser traumschöne Rokoko-Zuschauerraum, ganz in Rot und Gold gehalten. Vier Stockwerke mit Logen umschlossen das Parkett und ich fühlte mich in die Zeit von Königreichen zurückversetzt. Hier also durften wir Theater spielen! Später lernte ich, dass das Cuvilliéstheater ursprünglich an der Stelle des jetzigen Residenztheaters lag und auch so hieß. Weitsichtige Menschen, die das Ende des „Tausendjährigen Reiches" kommen sahen, bauten 1944 alles, was möglich war, aus und lagerten die Holzteile an sicheren Orten ein. Für ein modernes großes Staatstheater, das München nach dem Krieg vorweisen wollte, war es dann wohl doch zu klein, ich möchte fast sagen, zu zerbrechlich, und so errichtete man an seiner Statt repräsentabel, aber vor allem funktionell das jetzige Residenztheater, das inzwischen zumindest im Innern durch einen Umbau ein wenig Architekturschönheit hinzugewonnen hat. Das Kleinod, das man ausgelagert hatte, wurde im sogenannten Apothekenstock der Residenz wieder aufgebaut und nach seinem Architekten, Hofbaumeister François de Cuvilliés (1695–1768), in „Cuvilliéstheater" umbenannt. Vom Brunnenhof aus kann man es betreten und ich finde, dass die Wahl dieses würdevollen, ein wenig versteckten Ortes durchaus zu der Zartheit des vielleicht schönsten deutschen Rokokotheaters passt. Man kann es besichtigen, man kann aber auch Vorstellungen besuchen und das Alte mit neuem Leben erfüllt sehen.

Es ließe sich noch lange bei einem Schlossrundgang so weitermachen. Doch da, wo mir die Residenz am liebsten ist, wo sie eine Oase der Ruhe und der Abgeschiedenheit vor den vielen Besuchern der Stadt verbirgt, da werde ich meinen Besuch beenden. Nur durch eine enge Toreinfahrt zugänglich liegt auf der Rückseite von Staatsoper und Staatstheater der Bühneneingang des „Resi“. Wenige Schritte daneben steht eine Kirche, die in all der Schlosspracht erstaunlich unscheinbar wirkt: die Allerheiligen Hofkirche. Je näher man ihr kommt, umso deutlicher sieht man die Spuren des Zweiten Weltkriegs. Einschusslöcher, über die ganze Fassade verteilt, verstören den an makellosen Wiederaufbau gewöhnten Blick. Während die sie umgebende Residenz mit viel Sorgfalt und großem finanziellen Aufwand so wiederhergestellt wurde, dass keine Erinnerungen an Krieg und Verbrechen den Eindruck stören, ließ man diesen Kirchenbau tatsächlich über Jahrzehnte links liegen. Wie ein Mahnmal zeigte er seine Wunden, bis schließlich 30 Jahre nach Kriegsende sein Schicksal mit einem Abriss besiegelt werden sollte. Doch dann setzte ein allgemeiner Sturm der Empörung dem Vorhaben ein Ende, sodass die Kirche nach und nach wieder aufgebaut wurde. Heute wird sie nicht mehr als sakraler Raum, sondern für Konzerte und Festakte genutzt. Die Einschusslöcher blieben mit Ab-

sicht erhalten und sind inmitten der perfekt wiederhergestellten Pracht des Schlosses ein letztes Zeichen des Grauens, das die Residenz nur mit großem Glück überlebte.
So wie diese Kirche wurde auch der kleine Garten neben ihr (Foto) lange Zeit vergessen. Er verwilderte,

niemand beachtete seine vergangene Schönheit und es gab jahrzehntelang kaum einen Münchner, der mit dem Begriff „Kabinettsgarten“ etwas anfangen konnte. Auch ich hatte ihn in Erinnerung als einen Schmuddelplatz, den niemand betrat und der der Erwähnung nicht wert war. Viele Jahre später erst habe ich mir die Zeit genommen, durch den kleinen Eingang neben der Kirche in ihn hineinzuschauen – und staunte nicht schlecht. Da lag tatsächlich ein verwunschener, wunderbar gepflegter Zauberort vor mir! Der Kabinettsgarten ist seit einigen Jahren nicht mehr ganz unbekannt, doch er befindet sich so weit abseits der Geschäftsstraßen, dass er selten besucht wird. Wer ihn für sich entdeckt hat, wird immer wieder einmal an ihn denken und sich wünschen, dort zu verweilen, denn obwohl er winzig klein und seine Architektur schlicht und unaufdringlich ist, hat er einen unbeschreiblichen Zauber. Wasserflächen auf

beiden Seiten werden von schmalen Grasstreifen eingefasst, zwischen ihnen kann man, vorbei an einer Blumenskulptur von Fritz König, an das Ende des Gartens gehen. Der kurze Weg mündet in einem mit hellen Bodenplatten aus Kalkstein belegten Rechteck, gerade so groß, dass es zwei Springbrunnen und vier Platanen Platz bietet. Alles ist hell und freundlich. An den Rändern des Gartens sind Bänke aufgestellt. Es ist kaum zu glauben, dass dieser märchenhafte Ort wirklich mitten in einer Großstadt liegt. Stille, Freundlichkeit, Entspannung und der unbezwingbare Wunsch, viel Zeit zu haben, um hier in der Sonne sitzend ein Buch zu lesen, umfängt mich, wenn ich dorthin gehe.
Diese Traumwelt und der umtriebige Max-Joseph-Platz sind nur wenige Hundert Meter voneinander entfernt. Doch in Wirklichkeit liegen Welten dazwischen. Schön und lebenswert sind beide Plätze, der große und der ganz kleine, doch an dem kleinen, so scheint es mir, kann die Seele ins Lot kommen.

Info
Spatenhaus
Residenzstraße 2, 80333 München
Tel. 089 2907060, www.kuffler.de/de/spatenhaus

Residenz
Residenzstraße 1, 80333 München
Tel. 089 290671, www.residenz-muenchen.de
Cuvilliéstheater: Tickets Tel. 089 21851940, www.residenztheater.de
Allerheiligen Hofkirche und Kabinettsgarten: Zugang auch über Marstallplatz

Eine Prachtmeile nicht nur für die Münchner

Die Maximilianstraße

Hotel Vier Jahreszeiten, Münchner Kammerspiele, Alter Hof

München ist bunt und vielfältig in seiner Lebenskultur und in den Lebensstilen, die sich in den verschiedenen Stadtteilen verwirklichen. Bürger, Künstler, Wissenschaftler, Adlige, Geschäftsleute und Studenten, sie alle haben ihre Viertel, in denen sie zu Hause sind. Den „Schönen und Reichen", unter ihnen Münchner, Zugezogene und Menschen aus sehr fernen Ländern, gehört die Maximilianstraße. Sie wurde Mitte des 19. Jahrhunderts von König Maximilian II. gebaut, der sich mit der Idee, verschiedene Stilepochen zu mischen, unter denen die Renaissance und die englische Neugotik besonders hervorstachen, deutlich von den städtebaulichen Vorstellungen seines Vaters Ludwig I. abheben wollte und damit der Stadt seinen bis heute unübersehbaren Stempel aufdrückte. So entstand aus einer für damalige Gewohnheiten sehr revolutionären Vorstellung eine der großen Prachtstraßen Münchens, die trotz der Zerstörungen des Zweiten Weltkriegs und der späteren Zweiteilung durch den Bau des Altstadtrings noch immer das mondäne Zentrum der Stadt ist.

Von ihrem Beginn am Max Joseph-Platz aus gesehen jenseits des Rings endet die elegante Shoppingmeile und beginnt der Teil der Maximilianstraße, dem weniger Beachtung geschenkt wird und der dennoch sehr wesentlich zu ihr gehört. Er führt vorbei an dem 1862 als Völkerkundemuseum gegründeten „Museum Fünf Kontinente" und dem Maxmonument, das seit 1875 hier den Namenspatron der Straße ehrt, überquert die Isar – von der Maximiliansbrücke kann man einen Blick auf die Praterinsel werfen – und endet schließlich eindrucksvoll am Maximilianeum, dem Sitz des Bayerischen Landtags.
Doch die meisten Besucher der Stadt kommen bei ihrer Shoppingtour über die Schneise, die der Ring durch die Straße schlägt, nicht hinaus, denn hier im vorderen Bereich finden sie den Glamour, durch den die „Maxistraße" zu den Prachtmeilen europäischer Großstädte zählt, auch wenn ihre Ausmaße und ihre Eleganz nicht so ganz mit den Glitzerboulevards der Weltmetropolen konkurrieren können. Aber gerade weil sie trotz ihrer Internationalität Gemütlichkeit ausstrahlt und ihre Übersichtlichkeit das Sehen und Gesehenwerden erleichtert, hat sie ein besonderes Flair. Hier kann man sich schnell über den Weg laufen, Freunde treffen oder ganz diskret dem einen oder anderen Prominenten aus den Bunten Blättern beim Shopping zuschauen. Nicht selten steigen bekannte Persönlichkeiten in dem traditionsreichen Hotel Vier Jahreszeiten ab, das schon 1858 eröffnet wurde. König Maximilian II. hatte sich an „seiner" Straße das nobelste Stadthotel gewünscht, das alle bis dahin gesetzten Maßstäbe sprengen sollte, aber natürlich durfte ein Hotel nicht der königlichen Residenz den Rang ablaufen. Dennoch glänzte es mit

überwältigender Eleganz und höchstem Komfort. So verfügte es bereits über eine Gasbeleuchtung in allen Räumen und war damit sicherlich eines der auch technisch modernsten Hotels der Zeit. Auch die Kultur ist nicht weit entfernt, denn neben den hochkarätigen Mode- und Schmuckgeschäften liegt

hier eines der künstlerisch bedeutendsten Theater im deutschsprachigen Raum, die städtischen Münchner Kammerspiele (Foto). Die Jugendstilschönheit des Zuschauerraums, die allein schon einen Besuch wert ist, steht in herausforderndem Widerspruch zu den avantgardistischen Inszenierungen dieses vielfach ausgezeichneten Theaters, das sich jahrelang als Konkurrenz zum Bayerischen Staatsschauspiel im Residenztheater verstand. Es gab eine Zeit, in der es als chic und intellektuell anspruchsvoll galt, in die Kammerspiele zu gehen, während das Residenztheater dem bürgerlichen Publikum überlassen wurde. Längst ist aus dem Gegeneinander der beiden Theater ein sich gegenseitig inspirierender Wettkampf geworden und der aufgeschlossene Zuschauer geht gern einmal auf die eine, dann wieder auf die andere Seite der Maximilianstraße. Die Kammerspiele sind ein Kulturgut der Stadt, das ist seit vielen Jahrzehnten unbestritten, man mag ihre Aufführungen lieben, ertragen, achten oder verabscheuen. Zusammen mit den großen Opernevents der Staatsoper und den nicht ganz so irritierenden Inszenierungen des Residenztheaters haben sie München zu einer Weltstadt der Bühnenkultur werden lassen.

Sobald die Geschäfte schließen, ändert sich der Charakter der Straße und statt der gelangweilten und luxusorientierten Boutiquenbesucher sieht man Menschen die Gehsteige entlangbummeln, deren Blicke nicht ausschließlich auf die Schaufenster fixiert sind. Vielleicht sind sie nach einem Galeriebesuch auf dem Weg in das Grill-Restaurant „Brenner“. Dort, wo hinter der Residenz einst die königlichen Pferde im Marstall ihr Zuhause hatten und wo man jetzt in einem hallenartigen Lokal mit Marmorsäulen, dunklen Holztischen und Lederbänken das Flair einer Pariser Brasserie erleben kann, wird man eingestimmt in den geselligen oder kunsterfüllten weiteren Verlauf des Abends. Vor und nach einer Aufführung der Kammerspiele bietet es sich allerdings eher an, das kleine, traditionelle Lokal „Die Kulisse“ zu besuchen, denn hier ist man schon fast im Theater.

Auch wenn viele Münchner ein wenig spöttisch auf die aufgebrezelten Herrschaften aus aller Herren Länder schauen, die sich tagsüber auf der „Maxistraße“ ein Stelldichein geben, haben sie doch die Prachtmeile als elegante Version ihrer sonst eher bodenständigen Stadt und als Theater- und Kunstboulevard ins Herz geschlossen.

Ganz nah, nur wenige Meter von der Maximilianstraße entfernt gegenüber der Längsseite des Natio-

naltheaters liegt der Alte Hof. Eine leise, verkehrsberuhigte Straße führt in den Innenhof einer ehemaligen Burg, die nicht mehr in ihren ursprünglichen Ausmaßen zu erkennen ist. Wenn man vom modischen Luxus ringsherum geblendet ein paar Minuten in Ruhe durchatmen will, dann ist dies der richtige Platz dafür. Im Alten Hof fühlt man sich wie durch Zauberei aus der Welt gefallen. Tatsächlich weist die Alte Veste, wie die Burg genannt wurde, in die Zeit ihrer Entstehung im 12. Jahrhundert zurück. Als frühe Stadtresidenz wurde sie vom Welfenherzog Heinrich dem Löwen angelegt und diente im 14. Jahrhundert Ludwig dem Bayern, dem ersten deutsch-römischen Kaiser aus dem Wittelsbacher Geschlecht, als Herrschaftssitz. Später wurde sie durch eine nahe gelegene Wasserburg, die Neuveste, ergänzt, die sich als immer großartiger werdendes Stadtschloss schließlich zur Residenz der bayerischen Herrscher entwickelte und die Alte Veste als Schutzburg überflüssig machte (siehe Seite 21).
So wie der Alte Hof heute nach seiner wechselhaften Geschichte aussieht, weitgehend zerstört im letzten Weltkrieg und nur teilweise historisch getreu wieder aufgebaut, ist er Zeuge und Mahnmal zugleich. Trotz der Zerstörungen spürt man die Kraft, die einmal von ihm ausging. Sobald man ihn betritt, stellt sich ein Gefühl von Geborgenheit ein. Es ist nicht das Wissen um seine Geschichte, es ist der schwermütige Charme, der diesem Innenhof seine besondere Atmosphäre verleiht. Unangepasst wirkt er, kein Zeitgeist kann ihn durchdringen, kein Autolärm ihn stören. Fast tausend Jahre bilden sich nicht so sehr in der Architektur, sondern vielmehr in seinem trotzigen Charakter ab, der von Vergangenem

geprägt wurde und auch der Zukunft noch standhalten wird. Die Alte Veste, die kleine bescheidene Vorgängerin der großen Residenz, sollte in dem, was von ihr übrig blieb, nicht unterschätzt werden. Dieser Alte Hof zumindest hat seine Energie noch lange nicht verbraucht.

Info

Museum Fünf Kontinente
Maximilianstraße 42, 80538 München
Tel. 089 210136100
www.museum-fuenf-kontinente.de

Hotel Vier Jahreszeiten Kempinski
Maximilianstraße 17, 80539 München
Tel. 089 21250, www.kempinski.com/de/munich

Münchner Kammerspiele
Maximilianstraße 26, 80539 München
Tickets: Tel. 089 23396600
www.muenchner-kammerspiele.de

Restaurant Brenner
Maximilianstraße 15, 80539 München
Tel. 089 4522880, www.brennergrill.de

Restaurant Kulisse
Maximilianstraße 26, 80539 München
Tel. 089 294728, www.kulisse-restaurant.de

Alter Hof
Alter Hof 1, 80331 München

Ein gedankenvoller Spaziergang

Der Odeonsplatz

Feldherrnhalle, Hofgarten mit Dianatempel und Mahnmal vor der Staatskanzlei

Geschäftig und laut geht es das ganze Jahr über in den Fußgängerzonen der Innenstadt zu, die zu jeder großen Stadt, die etwas auf sich hält, gehören und auch in München nicht wegzudenkende Teile der City sind. Doch irgendwann kommt zum Glück jeder Einkaufsbummel an sein natürliches Ende. Wer sich dann auf dem Odeonsplatz wiederfindet, wird erst einmal tief durchatmen.

Zugegeben, die Feldherrnhalle, die diesen Platz beherrscht, habe ich nie besonders gern gehabt. Mag sie auch im Auftrag von König Ludwig I. von Bayern zu Ehren seines Heeres und seiner Feldherren einem eindrucksvollen architektonischen Vorbild aus Florenz nachgearbeitet sein und im Sommer als romantische Kulisse den Hintergrund für Open-Air-Konzerte hergeben, so empfinde ich dieses Bauwerk mit seiner Geschichte doch vor allem als Mahnmal gegen das, was durch Waffengewalt und Machtmissbrauch angerichtet wurde. Die Nationalsozialisten machten die Feldherrnhalle, an der 1923 der Hitlerputsch niedergeschlagen wurde, zu einer Gedenkstätte für ihre „Blutzeugen". Jeder Passant, der hier vorbeikam, war verpflichtet, den Hitlergruß zu entbieten. Um das zu vermeiden, wichen viele Münchner über die Viscardigasse an der Rückseite der Feldherrnhalle aus. Bronzene Pflastersteine zeichnen diesen Weg des stummen Widerstands nach.

Niemand muss die Feldherrnhalle länger bewundern als notwendig. Wer sie im Rücken behält, dessen Blick wird belohnt von der Weite und Schönheit, die die Stadt hier vor ihm ausbreitet. Zur linken Hand liegt die im italienischen Spätbarock erbaute Theatinerkirche mit ihren beiden markanten Türmen und der Wittelsbachergruft, ihr gegenüber, auf der rechten Seite, die Residenz, und direkt nach vorn öffnet sich der Odeonsplatz zur Ludwigstraße hin und lässt im Hintergrund den Beginn von Schwabing erahnen. Nichts Imperialistisches hat dieser Boulevard, keine Demonstration von Luxus oder Macht schüchtert den Besucher ein, sondern eine natürliche lebensfrohe Leichtigkeit und Würde machen Lust, ihn entlangzuspazieren. Jenseits des in der Ferne erkennbaren Siegestors führt er als Leopoldstraße durch das Zentrum von Schwabing weiter.

Doch mich lockt das Hofgartentor neben der Residenz und der dahinter gelegene, jetzt in den frühen Vormittagsstunden fast menschenleere Hofgarten. Der Lärm des Verkehrs am Odeonsplatz, das Geschnatter der Besuchergruppen, die aufdringlichwichtigen Handytelefonate vorbeieilender fesch gekleideter Damen und Herren und die energischlauten Anweisungen von genervten Eltern an ihre Sprösslinge, das alles liegt wie eine schnell vergessene Geräuschkulisse hinter mir, als ich in der weitläufigen Parkanlage stehe, die von Blumenbeeten und Springbrunnen ihren heiteren Charakter erhält und wo in sommerwarmen Nachmittags- und Abendstunden die Münchner Jugend feiert. Entschleunigung – das strahlt der Hofgarten aus. Auf seiner westlichen und nördlichen Seite ist er umrahmt von Arkadengängen, auf der südlichen durch

die in Sichtweite gelegene Fassade der Residenz mit dem Eingang zum Herkulessaal. Am östlichen Ende des Gartens liegt die Bayerische Staatskanzlei mit der Kuppel des im Zweiten Weltkrieg zerstörten Armeemuseums. Diese Begrenzungen wirken wie Schutzwälle gegen alles, was da draußen so unruhig und laut Besitz von der Stadt ergreift.

Mitten in diesem weitläufigen Park steht der Dianatempel (Foto), ein Pavillon aus der Renaissance, der mit seiner tänzerischen Anmut wirkt, als käme er aus weiter Ferne. Er wurde ungefähr um 1615 von Heinrich Schön geschaffen. Wie gut, dass man sein Geburtsjahr nicht ganz genau datieren kann, denn so liegt seine Entstehung im Dunkeln und verleiht ihm etwas Geheimnisvolles. Dieses schöne, lebenstrunkene Tempelchen mit seiner Diana-Figur auf dem Dach bildet das erkennbare Zentrum des Gartens. Hier kreuzen sich die Wege, die ihn durchziehen, hier mag man sitzen bleiben, die Welt vergessen, seinen Träumen Raum geben, und es ist ganz natürlich, dass er im Sommer ein Zentrum der Lebenslust und Treffpunkt für Salsa- und Tango-Veranstaltungen ist.

Ich gehe die Länge des Parks entlang bis zum östlichen Ende und lande kurz vor der repräsentativen, Achtung gebietenden Fassade der Staatskanzlei vor einem Mahnmal, das in starkem Gegensatz zu dem martialischen Eindruck der Feldherrnhalle steht und das doch auch mit Krieg und Kriegern zu tun hat. In einer mit Muschelkalk verkleideten Grube wurde eine rechteckige Gruft aus hellen Travertinblöcken errichtet, die man durch schmale Eingänge betreten kann. In dieser Gruft liegt, erschreckend realistisch, die aufgebahrte überlebensgroße Figur eines Soldaten. Ursprünglich war dieses Denkmal den Toten des Ersten Weltkriegs gewidmet, später fügte man die Erinnerung an die 22 000 Gefallenen und die vielen Vermissten sowie die Luftkriegsopfer des Zweiten Weltkriegs aus München hinzu. Die Zahlen erschrecken noch immer und die Schlichtheit der Mahnung an das Entsetzliche inmitten der scheinbar schwerelosen Schönheit des Hofgartens berührt sehr.

Noch ein wenig stiller als zuvor gehe ich durch die Arkadengänge zurück und lese die Inschriften, die dort eingraviert sind. Eine von ihnen habe ich mir notiert:

AIGINA

Wir Flüchtigen: Was wir sind,
Schon sind wirs nicht mehr.
Ein Traum / des Schattens,
Das ist der Mensch. Aber
Kommt nur ein Strahl von
Gott her, gleich ist es hell und
Das / Leben dünket uns
Freundlich. / O Aigina du, Mutter
Vertraute, führ den Pfad / der
Freiheit deine Stadt mit Zeus.
(Pindar)

Kaffeehaus mit Vergangenheit
Das Café Luitpold

Sie haben alle ihre Kult-Cafés: Paris das Café Deux Magots, Wien das Café Demel, Venedig das Café Florian am Markusplatz, Salzburg das Café Tomaselli. Natürlich hat auch München ein Café, das man aus der Stadt, seiner Geschichte und seiner Gegenwart nicht wegdenken kann: das Café Luitpold in der Brienner Straße 11, nur ein kurzes Stück westlich des Odeonsplatzes.

Erbaut in der Blütezeit der österreichisch-ungarischen Kaffeehaustradition am Ende des 19. Jahrhunderts, war es eines der prächtigsten Cafés seiner Zeit. Das Glück bescherte dem Architekten Otto Lasne einen Standort, der so perfekt war wie seine Ideen. In den Jahren vor 1886 wurden zwischen der Brienner Straße und dem Salvatorplatz sieben Häuser umgebaut, zum Teil abgerissen, sodass für das neu entstehende Kaffeehaus ein großer Innenhof mit einer quadratischen Kuppelhalle geschaffen werden konnte, die ein Säulengang mit einem Spiegelsaal verband. Was für eine Pracht, was für eine Schönheit! Während es unter der Oberfläche längst gärte und furchtbare Ideen sich langsam ihren Nährboden eroberten, schien die Welt damals für die meisten Münchner Bürger noch so heil, dass sie sich die drohende Katastrophe nicht in ihren schlimmsten Träumen vorstellen konnten. Die Kaffeehäuser waren Orte der kultivierten Begegnung, der ungestörten Gespräche und des kulturellen Austauschs in aristokratisch anmutender Umgebung. Ja, hier war die Welt noch ganz und gar in Ordnung. Doch so elegant und glänzend konnte das Café Luitpold nicht bleiben, denn nach der Zerstörung im Zweiten Weltkrieg war die Welt eine andere geworden und auch die Kaffeehaustradition war nur noch eine Erinnerung an ferne Zeiten. In sehr vereinfachter Form, ein wenig bieder, wurde es dennoch restauriert und wieder eröffnet. Ich kann mich noch immer an ein Gefühl von Ehrwürdigkeit erinnern, das sich einstellte, wenn ich mich in meiner Studentenzeit an einen der Kaffeehaustische setzte. Ich stellte mir vor, dass Frank Wedekind irgendwann einmal in einer der Nischen seinen Kaffee getrunken hatte und Wassily Kandinsky und Franz Marc hier die Künstlergruppe „Der blaue Reiter" gründeten. Ob nun Gerücht oder Wahrheit, inspirierend waren diese Vorstellungen schon.

Im Lauf der Zeit hat das Kaffeehaus sein Gesicht im gleichen Maß verändert, wie Leben und Kultur Münchens sich wandelten. Seit September 2010 zeigt es sich modern gestylt, elegant, sogar ein wenig mondän, dabei ist es weit entfernt von der unpersönlichen Coolness so vieler dem angeblichen Zeitgeist geschuldeter Renovierungen. Die ovale Bar, die sanften Farben und das warme dunkle Holz vermitteln ein Gefühl von entspannter Gelassenheit. Nichts ist beliebig, nichts ist zufällig, alles hat seinen architektonischen Sinn und prägt die Ausstrahlung dieses besonderen Cafés, das längst auch Restaurant und Veranstaltungsort von Konzerten und Vorträgen ist. Bis heute haben die Münchner ihrem Café Luitpold durch alle Verwandlungen die

Treue gehalten. Was für eine kluge Idee war es, die alte ursprüngliche Architektur aus der Gründerzeit zu zitieren. Die herrliche Kassettendecke, die Säulen im Vestibül und mitten in dem von einer gläsernen Kuppel überragten Innenhof, dem „Palmengarten“ (Foto), ein riesiges Bild des ehemaligen Säulengangs lassen nicht nur die Vergangenheit ahnen, sondern zaubern eine Stimmung herbei, die das Vergangene mit dem Jetzigen verbindet, ohne mit musealem Zeigefinger auf die Tradition hinzuweisen.

Um das Café herum entstand der moderne Luitpoldblock mit exklusiven Geschäften, die fast wie nebenbei hier auch ihren Platz gefunden haben. Sie stören weder die Schönheit noch die Intimität des Cafés, sondern verstärken eher seinen Eindruck von Weltoffenheit und Bodenständigkeit, Eleganz und Tradition.

Das Café Luitpold spiegelt München, wie es einmal war und wie es jetzt ist: lebendig, konservativ, der Bürgerlichkeit zugetan, aber niemals spießig oder gar verstaubt. Ich stelle mir vor, dass für so manchen Einheimischen der erste Gang durch die Stadt nach langer Abwesenheit in dieses Café führen könnte, dorthin, wo schon die Eltern saßen, wo man vielleicht selbst einmal händchenhaltend von der großen Liebe träumte und wo die Welt ein klein wenig stillzustehen scheint inmitten der globalen, digitalen und medialen Schnelllebigkeit. Es tut einfach gut, hier zu sitzen und sich ganz und gar zu Hause zu fühlen.

Info
Café Luitpold
Brienner Straße 11, 80333 München
Tel. 089 2428750, www.cafe-luitpold.de

Ein magischer Ort
Der Königsplatz
Glyptothek, Staatliche Antikensammlung, Propyläen, Hochschule für Musik und Theater, NS-Dokumentationszentrum

Wie eine Insel der griechischen Antike liegt er da, und wenn Schönheit zum einzigen Maßstab der Architektur erhoben würde, so müsste er unter allen anderen Münchner Plätzen ausgezeichnet werden: der Königsplatz. Schon der Name ist Magie und mit großer Würde wird er ihm gerecht. Mit den dorischen Propyläen, der korinthischen Antikensammlung und der ionischen Glyptothek legt er als wahrhaft krönender Abschluss der Brienner Straße Zeugnis von der Vision seines Erbauers ab. König Ludwig I. hatte sich schon als Kronprinz einen Ort erträumt, an dem er seine aus Leidenschaft für die Kunst der Antike zusammengetragene Sammlung altgriechischer und römischer Skulpturen der Öffentlichkeit zugänglich machen konnte. Das Glück kam ihm zur Hilfe, als Bayern am 1. Januar 1806 von Napoleon zum Königreich erhoben wurde. Sein Vater Maximilian I. Joseph übertrug ihm die Aufgabe, für die Residenzstadt einen „Königsplatz“ zu gestalten. Nun also konnte der Kronprinz seine Liebe zur Antike in einem kunstvollen Konzept zum Ausdruck bringen. Nach dem Vorbild eines Platzes auf der Akropolis entwarf der Architekt Karl von Fischer ein städtebauliches Gesamtkunstwerk nach Ludwigs Vorstellungen, doch dem großen Meister Leo von Klenze blieb es schließlich vorbehalten, ihn im Stil des Klassizismus als ein Hauptwerk des ludovizianischen „Isar-Athens“ zu vollenden.

Im Sommer, wenn die Kühle von den Bergen erst spät die Münchner Abende erfrischt, wird der Platz auf ganz besondere Weise zum Leben erweckt. Open-Air-Kino-Vorstellungen und Pop-Konzerte wechseln sich ab und mindestens einmal während der Opernfestspiele verwandelt sich der Platz in einen riesigen Konzertsaal, in dem die ganz Großen der klassischen Musikwelt ihr Publikum begeistern. An solchen Abenden bekommt dieser Ort einen Zauber, den man nicht vergisst, wenn man ihn einmal erlebt hat. Im Schein der sich neigenden Sonne malen sich die letzten Strahlen auf den Stufen und Steinvorsprüngen der Bauten; die grünen Rasenflächen und die Straße, die sich durch sie hindurchzieht, sind nur noch zu erahnen. Tausende von Menschen sitzen auf Stühlen und lauschen der Musik, die sich von der Bühne vor den Propyläen über den Platz und, so scheint es, über die ganze Stadt ausbreitet, während die Sterne am Nachthimmel strahlen. Jetzt ist der Königsplatz all seiner bedeutungsvollen Schwere enthoben und dient allein der Musik und der Lebensfreude.

Im Herbst, wenn die bunten Sommernachtsträume nur noch als Erinnerungshauch über dem Platz wehen, liegen die beeindruckenden Bauten wieder in ihrer puren klassizistischen Majestät da und nichts lenkt den Sinn von ihrer Erhabenheit ab. Auf den ersten Blick ähneln sie sich, als wären sie vom selben Architekten gestaltet worden, doch bei näherem Hinsehen werden die Unterschiede sichtbar. Vierzehn Jahre lang wurde gebaut, dann war 1830 das erste der drei großen Gebäude dieses Platzes fertig. Leo von Klenze, Baumeister des ganzen Areals, hatte mit der Glyptothek einen prächtigen Kunsttempel geschaffen, dessen Erscheinungsbild beeindruckt. Ionische Säulen beherrschen die Fassade, über ihnen thront, umrahmt von anderen Skulpturen, die Göttin Athene als Beschützerin der plastischen Künste. Natürlich kann man einfach nur bewundernd davor stehen, sein Wissen aus Schulzeiten aufpolieren und sich zufrieden an einem sonnigen Tag auf die Stufen setzen und die Götter sich selbst überlassen. Doch wer würde nicht neugierig werden und Lust darauf bekommen, die Geschichten der Antike und ihre Protagonisten im Inneren des Museums näher kennenzulernen? Ein paar Stunden in dieser vergangenen Welt lassen die Jahrtausende, die uns von ihr trennen, zu einem Wimpernschlag der Menschheitsgeschichte zusammenschmelzen. Die stummen Zeugen, Skulpturen, Mosaike, Reliefs, zum größten Teil aus der Sammlung Ludwigs I., umfassen einen Entstehungszeitraum von fast tausend Jahren. Die ältesten stammen aus archaischer Zeit, ca. 650 v. Chr., die jüngsten aus der spätrömischen Ära um ca. 550 n. Chr. Und nun stehen wir vor ihnen, blicken von Angesicht zu Angesicht in die steinernen Gesichter und staunen, wie ähnlich sie uns sind. Sie erzählen uns Geschichten von menschlichen Göttern und göttlichen Menschen und wir finden in ihnen unsere eigenen, modernen Hoffnungen und Ängste wieder. Das Leben und die Kultur der Antike werden lebendig und vertraut. Ein Besuch in den dreizehn Sälen, die um den Innenhof herum angeordnet sind, bedeutet nicht nur die Begegnung mit den berühmten Glanzstücken der Sammlung, wie dem schlaftrunkenen „Barberinischen Faun“ (220 v. Chr.), dem Bildnis des Homer (460 v. Chr.) und „Die trunkene Alte“ (ca. 200 v. Chr.), um nur ganz wenige zu nennen, sondern weist uns mit eindringlicher Kraft auf unsere kulturellen Ursprünge hin. Nach den Eindrücken eines Rundgangs tut es gut, sich im Innenhof ein wenig auszuruhen, um das Erlebte gedanklich und emotional nachklingen zu lassen.

Doch es gibt auf dem Königsplatz noch andere Schätze aus der antiken Welt zu sehen. Gegenüber der Glyptothek liegt ein Tempelbau im korinthischen Stil, in der die Staatliche Antikensammlung untergebracht ist. 1848, als König Ludwig I. die Eröffnung des von Georg Friedrich Ziebland geschaffenen Gebäudes feiern konnte, hatte es noch eine ganz andere Funktion: Es diente als Ausstellungsort für Kunst und Gewerbe. Doch schon bald wurde die Bestimmung dieses Tempels seiner äußeren Schönheit besser angepasst und so beherbergte er von 1869 bis 1872 das königliche „Antiquarium“. Von 1898 bis 1912 zog dann die Münchner Secession, eine Künstlervereinigung, die sich gegen das konventionelle historistische Kunstverständnis wandte und moderne Tendenzen wie den Jugendstil förderte, hier ein. Ab 1919 war die Neue Staatsgalerie im Gebäude untergebracht. Erst 1967, wiederhergestellt nach den Zerstörungen des Zweiten Weltkriegs, wurde es schließlich zur Heimat griechischer, etruskischer und römischer Kleinkunst, unter anderem Vasen, Bronzen, Terrakotten, Glas

und Schmuck, die aus einem Zeitraum zwischen dem dritten Jahrtausend v. Chr. und 400 n. Chr. stammen, sodass beide Kunsttempel des Königsplatzes jetzt dem Verständnis der Antike dienen.
Die längste Entstehungsgeschichte der drei Bauten hatten die Propyläen (Foto), die den Platz nach Wes-

ten abschließen und seinen Charakter maßgebend prägen. Ursprünglich wollte man an dieser Stelle ein prächtiges Stadttor errichten, doch die Planungen nahmen kein Ende. Längst waren Glyptothek und der gegenüberliegende Bau fertig, als noch immer um eine Lösung gerungen wurde. Leo von Klenze konnte sich schließlich mit seiner Idee eines Tores nach griechischem Vorbild, getragen von dorischen Säulen, durchsetzen. Als nach 30-jähriger Vorgeschichte endlich der Bauauftrag erteilt wurde, war München so sehr gewachsen, dass die Propyläen nicht mehr als Eingang zur Stadt, sondern als ein Tor mitten in einer bewohnten Umgebung entstanden. Und auch die politische Geschichte war vorangeschritten. Nach der Revolution von 1848, vier Jahre vor dem Beginn des Baus, musste König Ludwig I. abdanken. Doch seinen Traum von einem Platz, der der antiken Kunst die Ehre gab und der zugleich auch ein Symbol der Freundschaft zwischen Bayern und Griechenland sein sollte, wollte er nicht unvollendet lassen. So bezahlte er aus seinen privaten Mitteln die Errichtung der Propyläen. Aber nicht jeder königliche Traum geht in Erfüllung. Kurz nach der festlichen Einweihung 1862 verlor Ludwigs Sohn, der griechisch-bayerische König Otto, durch einen Volksaufstand seinen Thron in Athen, und das Zeichen der politischen Verbundenheit zwischen den Ländern hatte seinen Sinn verloren.

Bis heute geblieben ist, allen Verwerfungen der Geschichte zum Trotz, seine atemberaubende Schönheit. Auf den Stufen der Propyläen zu stehen, die harmonische, klare Ästhetik des Platzes in sich aufzunehmen und den Blick in die Weite schweifen zu lassen, das ist schon ein faszinierender Eindruck. Für einen Augenblick könnte man sich mitten in Griechenland fühlen, weit weg von der bayerischen Welt. Doch je weiter man schaut, desto deutlicher wird die Gegenwart erkennbar. Im Hintergrund sieht und hört man den Münchner Verkehr und ahnt den weiteren Verlauf der Brienner Straße über den Karolinenplatz mit dem Obelisken bis zur Feldherrnhalle am Odeonsplatz.

Nicht zu übersehen sind die Zeugen der jüngeren Geschichte am Rande des Königsplatzes, die daran erinnern, dass auch der schönste Platz die falschen Liebhaber anziehen kann. Hitler war von ihm begeistert, denn er eignete sich in seinen Augen ganz vorzüglich als Kulisse für seine unsäglichen Aufmärsche und als „Weihestätte des Nationalsozialismus". Die Grünflächen verschwanden und wurden durch dicke graue Steinplatten ersetzt, die dem Platz einen unfreundlichen martialischen Charakter ver-

liehen und sich für die neue Funktion bestens eigneten. Noch vor seiner „Machtergreifung“ hatte Hitler sich in unmittelbarer Nachbarschaft des Königsplatzes ein Haus als Parteizentrale erwählt, das „Braune Haus“, neben dem er wenig später den repräsentativen „Führerbau“ errichten ließ und so den braunen Albtraum auch städtebaulich an Münchens schönstem Platz manifestierte. Die Diskrepanz zwischen der Sichtbarmachung der Barbarei und der Verehrung der antiken Hochkultur, die hier eine Heimat gefunden hat, schreit noch in der Erinnerung zum Himmel. Nach dem Krieg tat sich die Stadt schwer damit, die hässliche Hinterlassenschaft der Nazis zu entsorgen. Eine gefühlte Ewigkeit dauerte es, bis jedenfalls die Steinplatten verschwanden und der zum Parkplatz verkommene Platz wieder in seiner ursprünglichen Form begrünt wurde.
Kaum zu fassen ist für mich bis heute die Weiterverwendung von Hitlers „Führerbau“, denn mit erstaunlicher Instinktlosigkeit wurde hier ausgerechnet die Hochschule für Musik und Theater, als sie durch die Zerstörung des Odeons heimatlos geworden war, nach dem Krieg untergebracht. Ein Institut, das sich der musikalischen Hochkultur widmet, landete in einem Gebäude, das der Kulturlosigkeit zugedacht war! Niemand würde heute diesem protzigen Haus eine Träne nachweinen, wenn man sich dazu durchgerungen hätte, es abzureißen und für die Lehrenden und Studenten der Hochschule ein neues, ihnen entsprechendes Gebäude an dieser Stelle zu errichten.
Und doch gehe ich mit einer gewissen Ehrfurcht in die große Eingangshalle hinein. Nein – nicht die Tatsache, dass hier einmal das „Münchner Abkommen“ unterzeichnet wurde und die Politiker auf genau die-

ser einschüchternden herrischen Treppe ihr unseliges Vertrauen in die Glaubwürdigkeit Hitlers der Welt vor Augen führten, bewegt mich, sondern die Bedeutung der Musikhochschule, die zu den bekanntesten Europas zählt. Ihre Geschichte reicht zurück in die Zeit von König Ludwig II., der zusammen mit Richard Wagner eine Ausbildungsstätte für Sänger und Musiker mit besonderem Schwerpunkt auf den sängerischen Anforderungen der Wagner-Opern einrichten wollte. Doch bekanntlich waren die Jahre der Freundschaft zwischen König und Komponist gezählt und die Regentschaft des märchenhaften Herrschers stand zuletzt unter keinem guten Stern. Das elitäre Konzept gehörte bald nach Eröffnung der Hochschule in den Augen des Hofes zu den unerwünschten Folgen der königlichen Traumgespinste und so wurde das Institut schon im Folgejahr wieder geschlossen. Mit anderer Ausrichtung übernahm Hofkapellmeister Hans von Bülow die 1867 neu eröffnete Hochschule, die zunächst aus der Privatschatulle von König Ludwig II. und seit 1874 aus staatlichen Mitteln finanziert wurde. So hat die Geschichte dieser Schule einmal begonnen, die bis heute als musikalische Ausbildungsstätte in der internationalen Welt der Musik einen wichtigen Stellenwert hat und fest zur Münchner Kulturszene gehört.
Ich gehe durch die hohen Gänge und höre hinter den Türen Stimmen und Instrumente. Wie viele Musiker haben in diesen Räumen die wesentlichen Grundlagen ihrer Ausbildung bekommen, wie viele Studenten hoffen heute auf die große erfüllende Karriere! Die berühmten Namen stehen für unzählige andere Künstler, die hier ebenfalls ihr Studium absolvierten: Carl Orff, Wolfgang Sawallisch, Christoph von

Dohnányi, Eugen Jochum, Christian Gerhaher und Jonas Kaufmann. Ihre Lebensgeschichten, ihre Konzerte und ihre Verdienste um die Musik – sie machen für mich heute den Geist der Münchner Musikhochschule aus, der so viel stärker ist als alles, was dieses Gebäude für eine kurze Weile einmal repräsentierte.

Jedenfalls gibt es das „Braune Haus“ nicht mehr, weil es im Krieg dem Bombenhagel zum Opfer fiel. Doch auch hier wusste die Stadt lange nicht, wie sie mit der unbebauten Fläche umgehen sollte, nachdem die Ruinen weggeräumt waren. Erst in den letzten Jahren entschloss man sich, an diesem Ort das so wichtige und aufschlussreiche NS-Dokumentationszentrum zu errichten, dessen Anblick aufatmen lässt. Direkt neben der Musikhochschule, dem düsteren Protzbau aus der Hitlerzeit, steht seit 2015 ein kubusartiges Gebäude (Foto), dessen helle und klare Architektur schon äußerlich Sinn ergibt. Hier wird transparent und anschaulich erklärt, was in München geschah, als die Diktatur Freiheit und Menschenwürde mit Füßen trat. Wer das Furchtbare in seinen Strukturen und Geschichten erkennen will und sich gegen den Schatten zur Wehr setzen möchte, der unausgesprochen und dumpf auf

dem Eingangsbereich zum Königsplatz liegt, der sollte dieses Dokumentationszentrum unbedingt besuchen.
So liegt auch auf diesem Platz, dessen Würde und Harmonie alles Dunkle zu vertreiben scheint, im Hintergrund der Schatten des Bösen. Vielleicht sollte man über ihn hinwegsehen und sich nur der Freude hingeben, dass wir mitten in Bayern, mitten in München diese Insel der griechisch-römischen Kultur erleben dürfen, auf der sich modernes freiheitliches Lebensgefühl, lebendige Kultur, Klassik und Antike begegnen, angebunden an den Rest der Welt. Ja, die Freude überwiegt – nur vergessen können wir das Dunkle dennoch nicht und das ist wichtig und gut so.

Info

Staatliche Antikensammlungen und Glyptothek
Katharina-von-Bora-Straße 10, 80333 München
Tel. 089 28927502
www.antike-am-koenigsplatz.mwn.de

Hochschule für Musik und Theater
Arcisstraße 12, 80333 München
Tel. 089 28903
www.musikhochschule-muenchen.de

NS-Dokumentationszentrum
Brienner Straße 34, 80333 München
Tel. 089 23367000
www.ns-dokuzentrum-muenchen.de

Das Herz der Münchner Museenwelt

Kunstareal am Königsplatz

Pinakotheken, Museum Brandhorst, Lenbachhaus

Die leuchtende, singende, klingende bayerische Metropole ist auch eine Museumsstadt von Weltrang. In unterschiedlichen Ausstellungsorten über ganz München verteilt findet jeder Kunstinteressierte in staatlichen, städtischen und privaten Museen und Galerien, was seinem Interesse am meisten entgegenkommt. Gegenwärtiges und historisch weit Entferntes, Provokantes, Erschütterndes, glänzend Schönes, Weltberühmtes und Unbekanntes, der Ästhetik und der Technik, der Naturwissenschaft und der Gesellschaftspolitik, der Utopie und dem Handwerk gewidmete Ausstellungen – in diesem riesigen Spannungsfeld künstlerischer Aussagen liegt der Reichtum dessen, was München zu einer bedeutenden Kunststadt macht. Ganz in der Nähe des Königsplatzes schlägt das Herz dieser Museumswelt mit der Alten und Neuen Pinakothek, die beide von König Ludwig I. gegründet wurden, sowie der Pinakothek der Moderne, dem Museum Brandhorst und, auf der anderen Seite des Platzes, gleich hinter den Propyläen, dem Lenbachhaus.

Die Königin der Münchner Museen ist sicher die Alte Pinakothek, deren eindrucksvollen Bau, von Leo von Klenze entworfen, zehn Jahre brauchte, bis er 1836 als das damals größte Museum der Welt eröffnet wurde. Sie ist noch heute in ihren Ausmaßen und dem Reichtum der ausgestellten Kunst, die eine Zeitspanne vom 14. bis ins 18. Jahrhundert umfasst, im wahrsten Sinne des Wortes atemberaubend. Werke der großen Künstler dieser Jahrhunderte, wie Albrecht Dürer, Lucas Cranach d. Ä., Sandro Botticelli, Peter Paul Rubens, Rembrandt, Canaletto und El Greco werden hier gezeigt und man bräuchte Tage, um auch nur die wichtigsten der über 700 Bilder in Ruhe auf sich wirken zu lassen.
Als jüngeres Pendant stand früher gegenüber diesem hochherrschaftlichen Kunsttempel die nach Entwürfen Friedrich von Gärtners und August von Voits 1853 erbaute Neue Pinakothek, in der Ludwig I. Werke der damals zeitgenössischen Kunst mit einem Schwerpunkt auf der Münchner Schule und der deutschen Romantik ausstellen ließ. Sie wird bei ihrer Eröffnung sicherlich viel Aufsehen erregt haben, denn noch nie zuvor war ein Museum ganz der Sammlung „moderner" Kunst gewidmet worden. Während die Bilder der Pinakotheken zu Beginn des Zweiten Weltkriegs in Sicherheit gebracht worden waren, die Alte Pinakothek nach Renovierungsarbeiten bald nach Kriegsende wieder ihren Dienst an der Kunst aufnehmen konnte, hat das Gebäude der Neuen Pinakothek die Zerstörung nicht überlebt. An seiner Stelle entstand bis 1981 der postmoderne Neubau des Architekten Alexander Freiherr von Brancas, der nun auch äußerlich einen wirkungsvollen Gegenpol zur Alten Pinakothek dar-

stellt. Die Moderne ist inzwischen vorangeschritten und die künstlerische Vielfalt ebenso. Heute werden hier Exponate des 19. Jahrhunderts vom Klassizismus über den Symbolismus und Impressionismus bis hin zum Jugendstil gezeigt.
Nur ein paar Minuten zu Fuß entfernt erhielten die beiden berühmten Pinakotheken 2002 Verstärkung durch ihre jüngere Schwester, die Pinakothek der Moderne, die gleich vier Museen unter ihrem Dach umfasst: die Sammlung Moderne Kunst der Bayerischen Staatsgemäldesammlungen, die Neue Sammlung des Staatlichen Museums für angewandte Kunst, das Architekturmuseum der Technischen Universität München sowie die Staatliche Graphische Sammlung. Kein Wunder, dass dieser ästhetisch anziehende Museumsbau des Münchner Architekten Stephan Braunfels sich schnell zu einem Publikumsmagneten entwickelte. Exponate von der Werbegrafik bis zur zeitgenössischen Kunst, vom Expressionismus bis zum Autodesign, von Installationen bis zur Videokunst locken generationsübergreifend so viele Interessierte an, dass schon 2004 der zweimillionste Besucher empfangen werden konnte.
Und noch immer befinden wir uns nahe dem Königsplatz. Wir haben den drei Pinakotheken die Ehre gegeben und stehen vor einem vierten Museumsbau, dessen leuchtend bunte Außenfassade wie ein frech-fröhlicher Gegenpol zu den elitären Museumstempeln wirkt und Lust auf einen Besuch macht. Das 2009 eröffnete Museum Brandhorst ist das jüngste in dieser Runde der Großen und seine Jugendlichkeit ist unübersehbar, wenn man die Fassade mit den 36 000 Keramikstäben in 23 verschiedenen Farben umrundet. Dem Berliner Architektur-

büro Sauerbruch Hutton ist hier wirklich ein Meisterstück gelungen, dessen Außenwirkung gekonnt auf die bedeutende Sammlung zeitgenössischer Kunst des Ehepaars Brandhorst hinweist, die man unbedingt anschauen sollte. Sie gibt einen hervorragenden Eindruck von der Kunst, die nach 1945 entstand, umfasst sie doch Exponate der wichtigsten neueren Künstler wie Cy Twombly, Andy Warhol, Joseph Beuys und Sigmar Polke.

Um ein Museum zu finden, das anders ist als alle bisher beschriebenen, müssen wir den Königsplatz überqueren, die Propyläen hinter uns lassen, um dann vor dem Lenbachhaus zu stehen. Die Kunst, die die Städtische Galerie hier ausstellt, ist ein Bekenntnis zur Gegensätzlichkeit. Aber schon bevor man einen Schritt in das Innere hinein getan hat, werden die Kontraste der Architektur augenfällig. Die elegante, dreiflügelige Künstlerresidenz in schönstem Ockergelb des Münchner Malers Franz von Lenbach (1836–1904), bestehend aus der Villa, dem Atelierbau und dem historischen Garten, zeugt bis heute von der Pracht, die der Architekt Gabriel von Seidel für den Bauherrn im Stil der italienischen Renaissance gestaltete. Bescheidenheit lag mit Sicherheit nicht in dem Charakterbild des aus einfachen Verhältnissen aufgestiegenen „Malerfürsten“ Lenbach, der ab 1870 mit Porträts bedeutender Zeitgenossen wie Otto von Bismarck, Kaiser Wilhelm I. oder Franz Joseph von Österreich berühmt geworden war und mit viel Sinn für öffentliche Wirkung diesen exponierten Ort gleich hinter dem Königsplatz für sein Wohn- und Arbeitshaus wählte. „Ich gedenke mir einen Palast zu bauen, der das Dagewesene in den Schatten stellen wird“, gab er als

Devise aus. Und so entstand ab 1887 nach und nach eine malerisch symmetrische Anlage, die sich immer weiter ausdehnte, schließlich auch einen großen Ausstellungssaal und ein Schauatelier umfasste, wo Lenbach im eleganten Anzug an der Staffelei stand und sich als weltgewandter, virtuoser Künstler in Szene setzte. Als er mit 68 Jahren starb, hinterließ er einen veritablen Kunstschatz, sowohl was seine nachgelassenen Kunstwerke als auch das Interieur des Hauses betraf. Doch es dauerte noch zwanzig Jahre, bis die Stadt München das Anwesen erwarb, die Witwe Lenbachs zahlreiche Gemälde und wertvolles Mobiliar stiftete und so der Grundstock für ein neues Museum gelegt war. Was als kleine städtische Galerie begann, zog von Jahr zu Jahr mehr Besucher an und schließlich wurden dank aufsehenerregender Sonderausstellungen zwischen 200 000 und 400 000 Besucher jährlich gezählt. Der „Palast" des Franz von Lenbach war für das große Interesse zu klein geworden, die Städtische Galerie hatte einfach zu viel Erfolg. 1994 entschloss man sich daraufhin, einen leeren Raum in einem Zwischengeschoss der U-Bahn-Station am Königsplatz, in unmittelbarer Nähe zum Museum, als Ausstellungshalle für Installationen zu nutzen. Durch den „Kunstbau", entworfen von dem Architekten Uwe Kiessler, verfügt das Lenbachhaus seitdem über die Möglichkeiten, auch aufwendige Installationen zu zeigen, und nutzte sie für spektakuläre Ausstellungen, mit dem Ergebnis, dass noch größere Menschenströme Museum und Kunstbau besuchten. Anfang des 21. Jahrhunderts stand das Lenbachhaus schließlich vor dem Kollaps. Der Münchner Stadtrat verstand die Zeichen der Zeit und gab 2008 dem renommierten Londoner Architekten Sir Norman Foster den Auftrag für einen Erweiterungsbau zur Entlastung des Museums, der 2013 eröffnet wurde (Foto).

Und so steht der Besucher staunend vor einem Schatzhaus für Weltkunst, deren golden glänzende

Fassade wie eine wertvolle Kiste wirkt, die Wunderbares enthält. Sinnvoller auf der einen Seite und kontrastreicher auf der anderen hätte dieser rundum gelungene Anbau, durch den man das Museum betritt, nicht sein können. So eingestimmt auf Überraschendes, wird man im Innern des Museums hineingezogen in die Gegensätzlichkeiten der Kunst.

Die rekonstruierten Repräsentationsräume im ersten Stock des Mitteltrakts sind der Kunst Lenbachs und dem von ihm geschaffenen Ambiente gewidmet. In der Abteilung für die Kunst des 19. und frühen 20. Jahrhunderts entführen Gemälde von Gustave Courbet, Carl Spitzweg, Lovis Corinth und vielen anderen jeden Liebhaber der Malerei in eine Welt der Harmonie und Schönheit. Wie spannend ist es da, wenige Schritte entfernt den Kontrast zu Vertretern der Kunst nach 1945 wie Gerhard Richter, Rupprecht Geiger, Sol LeWitt und Asger Jorn –

neben weiteren herausragenden gegenwärtigen Künstlern – zu empfinden.
Wer zum ersten Mal im Lenbachhaus ist, wird den faszinierenden Anblick des „Blauen Pferdes 1“ von Franz Marc nicht vergessen. Auch die anderen Werke der Gruppe „Der Blaue Reiter“ nehmen jedes für sich gefangen. Man sollte ihnen viel Zeit und Ruhe schenken, damit sie ihre Schönheit im Blick des Betrachters ganz entfalten können. Kandinskys „Romantische Landschaft“, Gabriele Münters „Bildnis Marianne von Werefkin“ und all die anderen farbenprächtigen, fantasiegeborenen Bilder bemächtigen sich, je länger man sie ansieht, desto rauschhafter der Sinne.
Doch noch einmal wird der Besucher mit einer Gegensätzlichkeit konfrontiert, wie sie dramatischer kaum vorstellbar ist. Eine Kinderbadewanne mit Pflastern: Hier hat ein verletztes Kind gelegen. Ein Messingschaf, klein und zart, empfindlich. Reste eines zerstörten Klassenzimmers in einem Lager, das fluchtartig verlassen wurde, und schließlich die beiden Bahren. Krankenbahren oder Leichenbahren? Ein großer leerer Raum drum herum, Putzutensilien für die Hygiene an der Wand, Kälte, Einsamkeit. Die Begegnung mit dem Tod. Die Werke von Joseph Beuys lassen alle Gedanken um Schönheit und Lebenslust ersterben, bringen den Betrachter zu den letzten Dingen, zu Verwundung, Krankheit, Verlust, Tod und Auferstehung. Fassungsloses Schweigen als Antwort – mehr bleibt nicht.
Gut, dass im Zentrum des Ein- und Ausgangsbereichs, dort, wo man sich mitten in der golden glänzenden Schatzkiste befindet, ein riesiger Spiralwirbel aus Glas und Metall wie ein Lichtgefäß von

der Decke hängt und ganz unwirklich Schwerelosigkeit und Transparenz vorgaukelt. Der dänisch-isländische Künstler Olafur Eliasson hat sich von den Wirbelstürmen der Meere zu diesem Werk inspirieren lassen. Es grüßt beim Eintreten und verzaubert vor dem Verlassen dieses eindrucksvollen, widerspenstigen Museums.

Info

Alte Pinakothek
Barer Straße 27 (Eingang Theresienstraße),
80333 München
Tel. 089 23805216, www.pinakothek.de

Neue Pinakothek
Barer Straße 29, 80799 München
Tel. 089 23805195, www.pinakothek.de

Pinakothek der Moderne
Barer Straße 40, 80333 München
Tel. 089 23805360, www.pinakothek.de

Museum Brandhorst
Theresienstraße 35a, 80333 München
Tel. 089 238052286
www.museum-brandhorst.de

Städtische Galerie im Lenbachhaus
Luisenstraße 33, 80333 München
Tel. 089 23332000, www.lenbachhaus.de

Helden des Widerstands

Auf den Spuren der Geschwister Scholl

Franz-Joseph-Straße in Schwabing, Lichthof der Universität, DenkStätte Weiße Rose

Wir können sie ja nicht loswerden, die Erinnerungen, die zu uns gehören. Einige gleiten zurück und verlieren ihre Lebensnähe, andere bleiben immer schattenhaft präsent.

Und genau diese verlangen danach, noch einmal neu ans Licht geholt und auf ihre Gültigkeit überprüft zu werden. So gehe ich nach Jahrzehnten zum ersten Mal wieder sehr bewusst und zielgerichtet zum Hauptgebäude der Ludwig-Maximilians-Universität. Keine besondere Veranstaltung ist der Anlass, sondern der Wunsch, einem Bild auf die Spur zu kommen, das einen Namen hat: die Weiße Rose. Was für ein betörend schmerzendes, zartes Bild haben sich diese jungen Menschen, die noch so wenig vom Leben erfahren hatten, als Motto gegeben. Sieben Namen verbindet man mit der Weißen Rose: Hans und Sophie Scholl, Christoph Probst, Alexander Schmorell, Willi Graf, Hans Leipelt und Professor Kurt Huber.

In München kennt jeder Straßen, Plätze und Schulen, die diese Namen tragen. Eine lebendige große

Straße in Schwabing hätte es verdient, nach ihnen benannt zu werden, aber sie heißt noch immer Franz-Joseph-Straße. Oft habe ich dort vor der Hausnummer 13 gestanden, wo eine Tafel daran erinnert, dass Sophie und Hans Scholl hier ab dem 1. Dezember 1942 während ihrer letzten Monate in einer Zweizimmerwohnung im Hinterhaus lebten. Die Wohnung kann nicht besichtigt werden und auch ein Zugang zum Hinterhaus ist für die Öffentlichkeit nicht möglich. Aber es reicht ja schon, davorzustehen und zu wissen, dass sie hier, wahrscheinlich zusammen mit ihren Freunden, die Texte für ihre letzten Flugblätter gegen Hitler entwarfen. Sie wollten und konnten nicht sein wie die meisten ihrer Altersgenossen und sich wegducken. Zu viel hatten sie von Unrecht gehört, hatten sich zu sehr interessiert und waren zu aufmerksam mit dem Gehörten umgegangen, als dass sie weiter hätten leben können wie bisher. Sie wollten nicht so tun, als sei der Spuk, der sich über Deutschland gelegt hatte, eine vorübergehende Angelegenheit, die sie nichts anging. Die Verfolgung der Juden, der Sinti und Roma, der kritischen Geister aus Kunst und Gesellschaft, der Linken, der Homosexuellen, der Freidenkenden und der unselige Krieg, mit dem Hitler Europa zerstörte – das alles ging sie etwas an. Und sie taten, was sie eben tun konnten, jung wie sie waren, Anfang zwanzig, Studenten, schwer mit ihren eigenen Problemen beschäftigt und dabei voller Energie zum Widerstand. Ob sie Erfolge kalkulierten, ob sie die Gefahr für ihr eigenes Leben abwogen, so genau weiß man es nicht. Sie kamen alle aus einer christlich geprägten Umgebung und hatten die Idee eines föderalistischen Deutschlands in einem befriedeten

Europa vor Augen. Dafür mussten sie arbeiten, wenn sie sich selbst treu bleiben wollten. Also taten sie, was sie für notwendig hielten: Sie sorgten für Aufklärung. Über ein Jahr lang druckten sie Flugblätter, auf denen sie zum Widerstand gegen das Naziregime aufriefen, und verteilten sie in München. Nachdem es unter ihren Kommilitonen immer mehr Gleichgesinnte gab, konnten sie zuletzt ihre Flugblätter durch Freunde in ganz Süddeutschland verteilen lassen.

Und dann kam der Tag, an dem die beiden Geschwister zum letzten Mal ihre Wohnung in der Franz-Joseph-Straße verließen. Es war Winter, der 18. Februar 1943, am frühen Vormittag. Hans hatte einen rotbraunen Koffer und eine Aktentasche bei sich, beide gefüllt mit Flugblättern. Sophie wird ihm vielleicht die Tür geöffnet haben. Sicher war es kalt. Haben sie die Kälte gespürt, als sie auf die belebte Straße hinausgingen? Es hat etwas Erschütterndes, sich vor diese Erinnerungstafel an der Hauswand zu stellen, mitten in der heiteren geschäftigen Schwabinger Atmosphäre. Hatten sie Angst? Ich stelle mir vor, dass sie viel zu angespannt waren, um sich die Konsequenzen für ihr eigenes Leben in diesem Augenblick noch vor Augen zu führen. Alle Abwägungen müssen längst schon vorher passiert sein.

Um 9.45 Uhr erreichen sie das Hauptgebäude der Universität. Noch haben die Vorlesungen nicht begonnen. Es ist ruhig und still im Lichthof.

Über 70 Jahre später, an einem ruhigen Samstagmorgen, betrete ich vom Geschwister-Scholl-Platz aus den Lichthof des Hauptgebäudes der Ludwig-Maximilians-Universität. Die Stille ist beeindruckend. Um nachdenken zu können, so geht es mir durch den Sinn, muss man allein sein. Hier bin ich jetzt fast allein und das Nachdenken fällt leicht. Das ganze Hauptgebäude, von Friedrich von Gärtner 1840 in seiner ursprünglichen Form fertiggestellt, wirkte auf mich als Studentin schon einladend und ein wenig feierlich und so geht es mir auch heute

noch. Vor allem der Lichthof macht seinem freundlichen Namen alle Ehre, denn er ist wirklich voller Licht, heiter und einfach schön. Hier möchte man verweilen, sich von der Höhe und Weite des Raumes, dem künstlerisch gestalteten Marmorboden, den runden Bögen, den Säulen und den feierlichen Treppenaufgängen (Foto) mit den Statuen von Ludwig I. und dessen Sohn Prinzregent Luitpold I. faszinieren lassen. Studieren muss schon etwas Erhabenes gehabt haben, als dieser Bau geschaffen wurde.
Und genau so, einmal abgesehen von der großen Orgel, die erst nach dem Krieg eingebaut wurde, haben auch Sophie und Hans Scholl diesen Raum erlebt, als sie die wenigen Hundert Meter von ihrer Schwabinger Wohnung hierher zurückgelegt hat-

ten, die schweren Taschen absetzten, die Flugblätter herausnahmen und sie rasch vor den Hörsälen auslegten. Es eilte ja, bald würden die Studenten und Professoren kommen. Rechtzeitig waren die Geschwister fertig, wollten aus dem Hinterausgang zur Amalienstraße das Gebäude verlassen. Wer von beiden hatte den schicksalhaften Gedanken, doch die restlichen Blätter noch in den oberen Etagen auszulegen? Jedenfalls gingen sie zurück, die Treppe hinauf, Sophie noch eine Etage höher. Von dort aus warf sie die letzten Blätter, die sie hatte, in den Lichthof hinein. Und jetzt wurden sie vom Hörsaaldiener Jakob Schmid entdeckt und festgehalten, bis die Gestapo kam.

Roland Freisler, der schreckliche Richter des Bösen, Präsident des NS-„Volksgerichtshofs", verurteilte die ganze Freundesgruppe zum Tode. Niemand von diesen jungen, leuchtenden Menschen kam mit dem Leben davon. Doch die Macht der Nazis endete bei der rohen Gewalt über das irdische Leben. Das Gedenken an sie konnten sie nicht zerstören. Hans und Sophie Scholl, Christoph Probst, Alexander Schmorell, Willi Graf, Hans Leipelt und Professor Kurt Huber blieben bis heute verankert im kollektiven Gedächtnis der Menschen, die damals lebten und die nach ihnen kamen. Sie wurden zum Symbol einer unerschütterten Hoffnung in tiefer Nacht und eines unglaublichen Muts zum Widerstand.

Und wieder stehe ich vor ihren Namen, diesmal eingraviert in ein Bronzerelief, das an alle Mitglieder der Weißen Rose erinnert, und daneben vor einer Büste von Sophie Scholl an der Westwand des Lichthofs. Ein paar Schritte weiter zeigt die DenkStätte Weiße Rose in einer Dauerausstellung Zeugnisse aus dem Leben und Wirken dieser jungen Menschen, die zum Vorbild wurden. Es ist gut, dass München sie auch an dem Ort ehrt, an dem sie ihre mutige Tat vollbrachten. Für mich war es ein beeindruckendes Wiedersehen mit den Bildern, die sich seit meinen Studentenjahren in mir eingeprägt hatten und die mir immer wieder sagten: Wissen muss verbunden sein mit Verantwortung, und auch durch das, was andere an unserer Stelle tun, wird unser Leben bestimmt. Wir können auch durch Vorbilder reifen. Die Bilder von der Weißen Rose haben ihre Gültigkeit behalten und an Tiefenschärfe hinzugewonnen. Ganz sicher ist, dass zu München nicht nur die königlichen Geschichten gehören, sondern auch die, die schmerzen und uns heute noch betreffen.

Info

Ehemaliges Wohnhaus der Geschwister Scholl
Franz-Joseph-Straße 13, 80801 München

DenkStätte Weiße Rose
Geschwister-Scholl-Platz 1, 80539 München
www.weisse-rose-stiftung.de

Das bunte Herz der Stadt
Schwabing
Siegestor, Münchner Freiheit, Elisabethmarkt, Wedekindplatz, Englischer Garten

Noch von dem Gedenken an die Geschwister Scholl bewegt, verlasse ich das Uni-Hauptgebäude und werde sofort von der Unbeschwertheit der Studenten in die Gegenwart mitgenommen. Wie friedlich und gefahrlos das Jungsein heute ist, verglichen mit dem, was frühere Generationen erlebten!
Ein paar Schritte weiter nach Norden, hinter dem Siegestor, beginnt Schwabing, das Herz der Münchner Bohemiens und Zentrum all derer, die sich ein Stück Freiheit und Ungebundenheit zumindest dem äußeren Anschein nach bewahren möchten. Kneipen, Straßencafés, kleine Boutiquen, Diskotheken, Jazzklubs, Kabaretts und freie Theater geben diesem Stadtteil ein ganz und gar unverwechselbares Gepräge und sind Ausdruck eines unangepassten Lebensgefühls.
Ein klassizistisches Tor zur Verherrlichung der Siege des bayerischen Heeres trennt das konventionelle München von der so ganz anderen Atmosphäre Schwabings. Dass der Stadtteil, dessen Hauptplatz nicht zufällig „Münchner Freiheit" heißt, durch die-

sen Bau so etwas wie ein eigenes Stadttor erhielt, hatten sich die Planer damals wohl nicht vorgestellt. König Ludwig I. wünschte sich den Triumphbogen nach römischen Vorbild als Pendant zur Feldherrnhalle, um das nördliche Ende seiner königlichen Prachtmeile, der Ludwigstraße, zu markieren. Weniger als die Verherrlichung militärischen Triumphs war nicht denkbar, denn der Stolz auf gewonnene Schlachten war wesentlich für die Identität eines Staates und traf sicher auch das Empfinden der Bevölkerung. Neun lange Jahre wurde an dem Siegestor gebaut, bis es 1853 schließlich in seiner ganzen Schönheit dastand. Es ist immer wieder ein ästhetisches Vergnügen, von Norden kommend auf das Tor zuzufahren. Trotz seiner ursprünglichen Bestimmung verweigert es sich imperialistischer Pracht. Nicht zu groß, ausgewogen in seinen Proportionen, mit künstlerischen, sehr feinen Halbreliefs geschmückt und gekrönt von einer Löwenquadriga mit der Bavaria in der Mitte, hat es eine Grandezza, der man sich nicht entziehen kann. Nichts Bombastisches oder Heroisierendes kann ich feststellen, eher wirkt es auf mich wie das einladende Empfangstor zur Schwabinger Welt.

Doch mit dem Stolz auf das Heer ist es so eine Sache. Die Geschichte erteilte auch den Bayern eine andere Lektion. Das Tor, das die Siege feierte, musste Niederlagen erleben und wurde im Zweiten Weltkrieg schwer getroffen. Dieser Tatsache ist es zu verdanken, dass nach seiner Wiederherstellung die Widmung „Dem bayerischen Heere“ auf der Nordseite des Tores durch einen anderen Spruch auf der Südseite ergänzt wurde. Dort liest man: „Dem Sieg geweiht, vom Krieg zerstört, zum Frieden mahnend“.

Es gibt romantischere und vor allem leisere Orte in München als die Münchner Freiheit, aber es gibt in der ganzen Stadt wohl keinen anderen Platz, mit dem jeder, der hier lebt, eine persönliche Erinnerung verbindet. Ein aufregender Abend mit dem oder der Angebeteten, ein Treffen mit einem erfindungsreichen Projektemacher, ein zufälliges Kennenlernen im Café, das dem Leben neue Impulse verleiht, eine spontane Einladung von Fremden, noch auf einen Drink in ein nahes Lokal mitzukommen, eine Diskussion nach dem Besuch eines Kabarettabends – oft bietet die Münchner Freiheit den Hintergrund für Unvergessliches. Dieser Platz ist ein Knotenpunkt nicht nur für die Straßen, sondern auch für die Menschen. Hier kommen sie zueinander, begegnen sich kurz, winken sich nach und fallen sich nach langer Trennung wieder in die Arme. Alles wirkt zufällig, ungeplant, wie die ganze Architektur einfach so entstanden zu sein scheint, planlos und am Leben entlang.

Es ist etwas Eigenartiges um diesen Ort, dessen Name Verheißung ist und doch so viel Ernstes in sich trägt. Er zieht Emotionen, auch Nachdenklichkeit auf sich, obwohl er auf den ersten Blick eher mit dem äußeren Schein der Leichtlebigkeit leuchtet. Die Stadtväter müssen um seine Besonderheit gewusst haben, als sie den ehemaligen Feilitzschplatz 1947 so symbolträchtig im Gedenken an die Widerstandsgruppe „Freiheitsaktion Bayern" in „Münchner Freiheit" umbenannten. Mutige Bürger hatten sich im April 1945 zusammengefunden, um zur Kapitulation vor den amerikanischen Truppen und zum bewaffneten Kampf gegen die letzten NS-Einheiten aufzurufen und so ihre Stadt vor der totalen

Zerstörung zu retten. Einige bezahlten dafür mit ihrem Leben. Freiheit – wie anders klingt der Begriff, wenn man diese Geschichte kennt.
Heute pulsiert hier das vitale Herz Schwabings. Wo die Leopoldstraße endet, brodelt eine bunte Mischung aus Kunst und Kommerz, aus Spaß und Ernsthaftigkeit, bayerischer Bodenständigkeit und internationaler Lebenslust. Kein Alter, keine Hautfarbe, keine Nationalität hat Vorrang, alles mischt sich, tolerant und friedlich.
In dem wirbelnden Miteinander sitzt ein Mann ganz still und starr und oft hält er Blumen oder einen kleinen Liebesbrief auf seinem Schoß, der ihm von einem seiner Bewunderer zugedacht wurde. Er sieht aus, als würde er gleich aufstehen, doch das wird er nicht tun, denn die Figur ist ein Bronzedenkmal, das den beliebten Schauspieler Helmut Fischer ehrt. Das Café Münchner Freiheit war sein Lieblingslokal, in dem er, der „Monaco Franze“, als der er sich in die Herzen seiner Zuschauer spielte, oft stundenlang saß, umgeben von Freunden. 1997 starb er und ganz München weinte um ihn. Christian Ude, damals Oberbürgermeister und mit Helmut Fischer eng befreundet, sagte bei der Trauerfeier: „Populär war er in ganz Deutschland – in München wurde er geliebt.“
Schwabing – das ist nicht nur einer von vielen Stadtteilen mit begehrten großräumigen Altbauwohnungen, nicht nur eines der beliebten Szeneviertel und Promi-Treffpunkte, von denen es unzählige gibt. Es ist viel mehr als das, es ist ein ganzer Kosmos, der sich neben der Stadt München, an sie angelehnt und doch weitgehend unabhängig von ihr, entwickelt hat. Geschichtlich gesehen ist Schwa-

bing, 782 gegründet, die um knapp 400 Jahre ältere Schwester Münchens, die aber im Schatten der immer größer und mächtiger werdenden Residenzstadt bis ins 18. Jahrhundert ein kleines Dorf von Isarfischern und Milchbauern blieb. Erst 1890 wurde der bis dahin selbstständige Ort von München eingemeindet und so aus seinem Dornröschenschlaf erweckt. Ein einsetzender Bauboom bescherte dem neuen Stadtteil Reichtum und Ansehen. Die Straßen wurden breiter, die Gebäude großbürgerlicher. Heute machen die prächtigen, sorgfältig restaurierten Häuser aus der Gründerzeit Schwabing zu einer der begehrtesten Wohngegenden.

Im Gefolge des Wohlstands kamen die Künstler in die aufblühende Idylle. Wo Maler wie Ernst Ludwig Kirchner und Wassily Kandinsky verkehrten und Dichter und Denker wie Thomas Mann, Ernst Penzoldt, Frank Wedekind und Joachim Ringelnatz sich ein Stelldichein gaben, wollten fortan viele wohnen, die sich einem unkonventionellen Lebensstil verschrieben hatten. Der bis heute erhalten gebliebene legendäre Ruf als Künstlerviertel entstand.

Noch immer verzaubert der Charme Altschwabings in den engen Nebenstraßen rechts und links der Leopoldstraße jeden Besucher. Wäre der Autoverkehr nicht, könnte man sich in manchen Momenten in ein anderes Jahrhundert versetzt fühlen. Auf dem Elisabethmarkt wird heute wie vor hundert Jahren Käse, Wurst, Obst und Gemüse angeboten, vorzugsweise Bio und äußerst verführerisch. Der Platz hat nicht nur als kleine Ausgabe des Viktualienmarkts eine besondere Anziehungskraft. In den Lokalen in der Nähe des Platzes lassen sich die Schwabinger auch mitten am Tag auf ein Bierchen nieder und ge-

nießen es, sich von gar nichts aus der Ruhe bringen zu lassen. Hier bedeutet Freiheit, sich die Zeit zum genüsslichen Gespräch oder zum Studium der Mitmenschen nehmen zu können. Drüben jenseits der Leopoldstraße lädt die Gegend rund um den Wedekindplatz zu einem entspannten Bummel ein, bei dem man in der Haimhauserstraße vor der Hausnummer 6 eine Gedenkminute einlegen sollte, denn hier wohnte der junge Thomas Mann im Winter 1898. An der Ecke zur Ursulastraße hat die bekannteste Schwabinger Kabarettbühne, die 1956 von Samy Drechsel und Dieter Hildebrandt gegründete „Münchner Lach- und Schießgesellschaft" ihr Domizil. Nach vielen Turbulenzen wird sie seit Herbst 2015 wieder von einem eigenen Ensemble bespielt und ist nach wie vor ein Symbol für das kritische, unangepasste, intellektuelle Schwabing.
In den 1970-Jahren, als die Studentenunruhen in Deutschland vorbei waren, prägte demonstrative Lebenslust und Toleranz das Antlitz dieses Viertels. Mit der aggressiven politischen Revolte anderer Studentenstädte hatte man sich in München schwergetan, aber in den Jahren danach ging es hier um sexuelle und gesellschaftliche Emanzipation und um künstlerisch-fantasievollen Widerstand gegen die noch immer vorherrschenden gesellschaftlichen Regeln in der gerade erst aus dem Schöne-Heile-Welt-Schein der Nachkriegszeit erwachten Republik. Die neue Generation der Erwachsenen passte sich nicht mehr an, sondern lebte selbstbewusst ihre individuellen Glücksvorstellungen aus. Ideen sprudelten nur so hervor, gingen wieder zugrunde, Cliquen gründeten sich und lösten sich auf. Alles war in einem dauernden Fluss von gegenseitiger

Aufmerksamkeit. Im Café Münchner Freiheit, vor dem jetzt der bronzene Helmut Fischer, der „ewige Stenz“, den Passanten zuzwinkert, saßen bunte Vögel und Intellektuelle dicht an dicht, hielt alter Adel Hof im Kreis der Schicken und Einfallsreichen. Alles passierte auf engstem Raum, jeder kannte jeden, man war eine große familiäre Gemeinschaft, verbunden in Toleranz, gewürzt mit einem kritischen Lebensgefühl. Aus dem Weg gehen konnte man sich nicht, wenn man sich zum Schwabinger Kreis der Dazugehörenden zählen wollte, denn so groß der gesamte Stadtteil schon damals war, so spielte sich doch das Wesentliche auf wenigen Quadratkilometern ab.

Inzwischen sind viele Jahre vergangen und die Zeit hat ihre Verwandlungen mit sich gebracht. Da überkommt so manchen Besucher, der seine Jugend hier verlebt hat, eine melancholische Erinnerungsschwere, doch für allzu lange nostalgische Überlegungen ist im heutigen Schwabing wenig Zeit. Alles ist auf das Jetzt und das Morgen eingestellt, das Leben pulsiert schnell, man muss präsent sein, sich sehen lassen, herausfinden, was abgeht und was angesagt ist. Beliebte Treffpunkte von heute werden bald schon von anderen abgelöst. Was gerade „in“ ist oder auch nicht, wechselt schnell und man sollte am Ball bleiben, um den Anschluss nicht zu verlieren.

Die Zeit der legendären Lokale, in denen sich über Jahre hinweg Kultur und Lebenslust ein Stelldichein gaben, ist vorbei. Freiheit, die in wilder Zeit in Schwabing auf die Fahnen geschrieben wurde und das berühmte Lebenszeichen dieses Stadtteils geblieben ist, wird längst nicht mehr im Widerstand zur Konvention erlebt, sondern als Luxus inmitten der Zwänge des Alltäglichen und manchmal auch als Statussymbol. Lustig und abwechslungsreich geht es weiterhin zu im Schwabing des jungen 21. Jahrhunderts, ein wenig oberflächlich vielleicht, sehr modebewusst, oft gehetzt, in manchen Teilen auch recht bürgerlich, aber niemals langweilig. Denn Langeweile ist

eine Todsünde in diesem Kosmos aus Inspiration und Konsum. Trotz aller Anpassung an den gerade herrschenden Zeitgeist scheint es, als sei das Leben hier noch immer etwas schwereloser als anderswo.

Schwabing hat, aller Verwandlung zum Trotz, seinen außergewöhnlichen Charakter behalten, so wie auch der Englische Garten, dessen größter Teil zu Schwabing gehört, ein Volksgarten der besonderen Art ist. Wann immer ich um den Kleinhesseloher See herumspaziere, dem Geschnatter der Enten und Gänse lausche und in diesem großen Park das quirlige urbane Leben um mich einatme, kommt mir Goethes Faust in den Sinn. Würde er heute hier spazieren gehen, unter all den Rollerbladern und Picknickern, den Joggern und Sonnenanbetern, den Surfern und Nacktbadern im Eisbach und den Familien im Biergarten am Chinesischen Turm, den jungen Leuten, die am Monopteros (Foto) einfach mal chillen und sich wegbeamen aus dem Stress der Realität, den Vätern und Müttern mit den Babys huckepack, den alten Damen am Arm der Enkel und den Hundesittern mit ihren Kopfhörern, den Managern beim Geschäftsessen im „Restaurant Seehaus", den Großvätern mit den Kinderwagen – er würde noch einmal sagen: „... hier ist des Volkes wahrer Himmel, zufrieden jauchzet Groß und Klein, hier bin ich Mensch, hier darf ich's sein."

Info

Café Münchner Freiheit
Münchner Freiheit 20, 80802 München
Tel. 089 33007990, www.muenchner-freiheit.de

Elisabethmarkt
Elisabethplatz, 80796 München

Münchner Lach- und Schießgesellschaft
Ursulastraße 9, 80802 München
Tickets: Tel. 089 391997
www.lachundschiess.de

Verwaltung des Englischen Gartens München
Englischer Garten 2, 80538 München
Tel. 089 38666390
www.schloesser.bayern.de (unter „Gärten")

Im Zentrum der Stadt

Der Marienplatz

Neues Rathaus,
Mariensäule, Frauenkirche,
Altes Rathaus

Man kommt nicht um ihn herum, denn es führen zwar nicht alle Wege in München nach Rom, aber dafür sehr viele auf den Marienplatz. Gewollt oder zufällig findet jeder Münchner und auch jeder Besucher der Stadt sich irgendwann vor dem Neuen Rathaus wieder. Sollte man gerade um 11 Uhr oder um 12 Uhr mittags durch die überfüllten Fußgängerzonen auf diesen Platz geschwemmt worden sein, könnte man sich fragen, ob man wirklich noch in Bayerns Hauptstadt ist oder gerade einmal rund um den Erdball gebeamt wurde. Japanische, amerikanische, afrikanische, arabische, süd- und nordeuropäische Laute vereinen sich zu einem babylonischen Stimmengewirr. Die Blicke aller sind erwartungsvoll auf den Turm des Rathauses fokussiert, wo sich täglich die immer gleiche Attraktion wiederholt: Zu einem Glockenspiel zeigen Figuren Ritterspiele und Tänze aus dem Mittelalter. Sie tun es so graziös, als würden sie einen Reigen tanzen, und schaut man in die verzückten Gesichter der Umstehenden, so scheint es in diesem Augenblick nichts Liebreizenderes in Bayern, in Deutschland, in ganz Europa zu geben als diese kleine, musikuntermalte Puppen-Zeremonie. Das Rathaus selbst (Foto) wird erst danach wieder wahrgenommen und, ehrlich gesagt, es ist auch nicht wirklich einer längeren Betrachtung wert. Der Zuckerbäckerstil mit seinen

Verzierungen, Türmchen und Balkonen wurde zur Wende des 19. ins 20. Jahrhundert geschaffen und hat zumindest mich noch nie begeistern können. Das Rathaus ist vor allem durch die Jubelaktionen der Bayern-München-Fans bekannt, die ihre Helden nach errungenen Trophäen regelmäßig auf dem Mittelbalkon laut und bierfreudig feiern.
Wenn die Guides ihre Touristengruppen nach dem Glockenspiel in geordneter Formation aus dem Zentrum des Platzes herausgelotst haben, wird die schmale, zarte Mariensäule sichtbar (Umschlagfoto), der nur wenige Menschen Aufmerksamkeit schenken, obwohl gerade sie den Mittelpunkt Münchens bildet. Die vergoldete Mutter Gottes hat für mich trotz ihres prächtigen Glanzes immer etwas Rührendes, gerade weil sie wie nebensächlich dort steht und so gar keine Dominanz beansprucht. Mitten im Einkaufsmarathon, der auf dem Marienplatz

seine ganze Hektik entfaltet, scheint sie eher störend, und wenn in der Adventszeit der Rummel auf dem Christkindlmarkt seinen Höhepunkt erreicht, steht die Säule einfach nur im Weg. Und doch gibt es einige Menschen, die vor ihr Halt machen, die sie mit Respekt und einem Anflug von Liebe betrachten, weil sie wissen, dass die Mariensäule so etwas wie ein Segenszeichen für die Stadt ist, seit sie als Dank für Bewahrung in schlimmer Not während des Dreißigjährigen Kriegs (1618–1648) hier errichtet wurde. Als die schwedischen Truppen München besetzt hatten, war das Schicksal der Stadt im Grunde schon besiegelt. Die Heeresführung verlangte ihre Zerstörung ebenso wie die von Landshut als Vergeltung für Magdeburg, das von den Bayern in Schutt und Asche gelegt worden war. Doch der schwedische König Gustav II. Adolf entschied aller Erwartung zum Trotz, dass beide Städte verschont werden sollten. Daraufhin ließ Kurfürst Maximilian I. von Bayern 1638 aus Dankbarkeit auf dem unbebauten Marktplatz die Mariensäule errichten. Seitdem steht die „Patrona Bavariae“, die Schutzherrin Bayerns, an diesem Ort als Symbol für die Demut vor dem Schicksal und das Vertrauen in eine beschützende Macht.
Doch auch darüber hinaus hat sie eine erstaunliche Bedeutung für ganz Bayern bekommen. Seit dem 19. Jahrhundert beziehen sich alle Entfernungsangaben im Freistaat, die auf Ortsschildern zu finden sind, auf die Mariensäule. Auch die Häusernummerierung der einzelnen Straßen in München beginnt bis heute an dem relativ zur Mariensäule nächsten Punkt mit der Hausnummer 1. Sie sollte, so hatten es sich die Stadtentwickler einmal gedacht,

der Mittelpunkt eines Sterns sein, von dem die wichtigsten Straßen der Stadt ausgingen. Tatsächlich ist der Marienplatz der Kreuzungspunkt der beiden Münchner Hauptachsen, der Ost-West-Achse zwischen dem Isartor und dem Karlstor am Stachus, die ein Teil der Salzstraße von Salzburg in die Schweiz war, und der Süd-Nord-Achse zwischen dem Sendlinger Tor und dem im 19. Jahrhundert abgebrochenen Schwabinger Tor. Dies muss man wissen, denn sehen kann man es nicht mehr, aber irgendwie fühlt sich der Ort an der Mariensäule schon ein wenig an wie ein wichtiger, ordnender Ruhepol, um den die Hetze der Zeit einen kleinen Bogen macht und der eine Art Kompass darstellt, nach dem man sich richten kann, wenn man sich einmal verirrt haben sollte.

Dass die Mariensäule das Zentrum Münchens ist, zeigt viel von der liebenswerten Seite der Stadt. Königliche Bauwerke oder herrliche Denkmäler hat sie in Vielzahl zu bieten, doch diese schmale, zarte Figur einer Muttergottes, die die Stadt bewahren soll, ist ihre Schutzheilige, und sie bedeutet ihr viel. So können sie eben auch sein, die lauten, derben Münchner mit ihren Lederhosen, Dirndln und Bierkrügen – so können sie sein, wenn sie sich zu erkennen geben jenseits der Klischees.

Wer vom Marienplatz ein wenig um die Ecke in den Himmel schaut, der entdeckt hinter den Häusern das Wahrzeichen der Stadt, die beiden Zwiebeltürme der Frauenkirche, besser gesagt, des Doms „Zu unserer lieben Frau“. Der nördliche Turm heißt schon seit langer Zeit „Stasi“, was mit der Hinterlassenschaft der DDR nicht das Geringste zu tun hat, sondern ein von „Anastasia“ abgeleiteter Frauenname ist. Mit 98,57 Metern Höhe ist er seinem Turm-Kollegen „Blasi“, der es nur auf 98,45 Meter bringt, volle zwölf Zentimeter überlegen. Es ist der Stasi, der das vertikale Maß aller Dinge in München anzeigt, denn nach einem Bürgerentscheid von 2004 darf in der Stadt kein Gebäude höher sein als er. Der Dom hat also noch immer sein Gewicht, nicht nur als Bischofssitz im kirchlichen, sondern ebenso im weltlichen, städtebaulichen Leben. Da mag es nach der Abstimmung noch so viel Stirnrunzeln von Großstädtern jenseits Bayerns gegeben haben, die Münchner wollen nun einmal das Bild ihrer Stadt nicht weiter den angeblichen Notwendigkeiten der modernen Architektur opfern. Stur können sie schon sein, die Bürger der bayerischen Metropole.

Vielleicht hat aber auch der Teufel ein wenig mitgespielt, der immerhin im Eingang der Kirche seinen Fußabdruck gut sichtbar hinterlassen hat, wie die Mär geht. Einen Freudensprung machte er, weil er glaubte, dass der Dom keine Fenster hätte, und hinterließ so seine Spur im Boden. Dumm allerdings, dass er nur ein paar Schritte weiterzugehen brauchte, um an den Säulen vorbeizuschauen und die Fenster zu entdecken. Entsetzt wurde ihm klar: Er, der Teufel, hatte sich geirrt! Es war sein Standpunkt, der ihn in die Irre geführt hatte. Und auf den Standpunkt schließlich kommt es an. Wütend verwandelte er sich in einen Wind, um so schnell wie möglich diesen heiligen Raum zu verlassen. Dort draußen, direkt vor der Kirche, weht er immer noch umher, was jeder Besucher an dem kühlen Luftzug in den engen Gassen erkennen kann.

Große ehrwürdige Plätze haben oft eine Ausstrahlung auf ihre Stadt und nach außen. Sie sind gewissermaßen identitätsstiftend, denn man verbindet kollektive und individuelle Ereignisse und Emotionen mit ihnen. Der Rathausmarkt in Hamburg zum Beispiel hat mit dem Stolz auf die Bürgerdemokratie der Stadt zu tun, er wirkt geschlossen wie die gute Stube zu Hause und gibt dennoch ein Zeichen von der Weltoffenheit der Hansestadt. Der Pariser Platz vor dem Brandenburger Tor in Berlin ist Ausdruck einer Geschichte, die diese Stadt durch alle vorstellbaren Höhen und Tiefen trieb, ein hochpolitischer Ort mit viel Symbolik. Der Domplatz in Köln ist fest in den Herzen der Kölner verankert und ist aus ihrem Lebens- und Heimatgefühl gar nicht wegzudenken. Religion und Karneval, Kunst und Reichtum verbinden sich hier.

Der Münchner Marienplatz dagegen ist einfach da, Treffpunkt wichtiger Straßen, Ort für Demonstrationen jeder Art, aber emotionell gibt er nicht sehr viel her, wenn man von der Mariensäule und ihrer Bedeutung einmal absieht. Das große Neue Rathaus wirkt viel zu pompös und irgendwie geschichtslos, als dass man sich mit ihm identifizieren könnte. Der Rummel auf dem Platz ist zu laut, um überhaupt irgendein Gefühl zuzulassen, außer dem einen: nur schnell weg von hier. Man überquert den Platz eher, als dass man zu ihm hinwill. Dabei ist er in seinen Ausmaßen sympathisch übersichtlich, die Häuser hübsch gepflegt, die Geschäfte bürgernah, nicht zu hip und nicht zu bieder, die U- und S-Bahnen, die im riesigen Untergeschoss ihre Haltestellen haben, binden die gesamte Stadt verkehrstechnisch an die City an, und da der Platz zu einer weiträumigen Fußgängerzone gehört, wäre er prädestiniert für Straßenlokale und andere Treffpunkte zum Verweilen. Und doch entwickelt der Marienplatz kein Flair, denn es gibt nichts anderes zu sehen als Geschäfte, Geschäfte, Geschäfte und Menschen auf der Suche nach irgendetwas in diesen Geschäften. Wenig lädt dazu ein, einen Augenblick sitzen oder stehen zu bleiben, mit Freunden zu „ratschen" oder sich auch nur auszuruhen. Wer macht hier schon die Augen auf, um über die Schaufenster hinweg auf die Fassaden der schönen alten Häuser zu schauen, die es neben den Ergebnissen architektonischer Schandtaten durchaus auch gibt? Und doch würde es lohnen, sie näher ins Auge zu fassen.

Das Alte Rathaus ist einer dieser Schätze, nur nimmt man das historische Gebäude kaum wahr, weil es an den Rand des Marienplatzes gedrückt wie im Hintergrund einer Bühne zu liegen scheint und so gar nichts Repräsentatives an sich hat. Eher wirkt es wie ein Puppenhaus mit einem besonders hübschen Turm, das für seine Umgebung ein wenig zu klein geraten ist, sodass die Proportionen nicht mehr zu stimmen scheinen. Dabei war es über viele Jahrhunderte das unumschränkte und einzige Rathaus Münchens, bis es 1874 von den Stadtvätern als zu klein befunden wurde. Man baute ihm das bombastische Neue Rathaus direkt vor die Nase. Fortan verlor das Alte an Bedeutung und war schließlich nur noch für Feste und Empfänge von Nutzen. So führt es seitdem ein Leben als Aschenputtel, dem man selten seine Aufmerksamkeit widmet. Mit einer Ausnahme: Einmal im Jahr wird hier die über alles begehrte Medaille „München leuchtet" an eine Persönlichkeit verliehen, die zum hellen Schein der Stadt beigetragen hat. Dann wimmelt es in dem wunderschönen gotischen Festsaal von wichtigen

Menschen und solchen, die „Adabeis“ genannt werden, weil sie halt immer „a dabei“ (auch dabei) sind, wenn in München etwas zu leuchten beginnt, und seien es auch nur die Blitzlichter der Yellow Press. An diesem Abend kann man, wenn man genau hinschaut, das Alte Rathaus tatsächlich ein wenig strahlen sehen vor Freude, dass es auch einmal so richtig wichtig sein darf.
Aber wir wollen ehrlich sein. Das, was jetzt als Altes Rathaus firmiert und dem Platz einen liebenswert-altmodischen Zauber verleiht, hat nicht mehr viel mit dem Gebäude zu tun, das es vor seiner Verwundung im letzten Weltkrieg war. Es steht sozusagen stellvertretend an dieser Stelle. Schwierig war es tatsächlich, aus den übrig gebliebenen Ruinen das historische Rathaus zu rekonstruieren, denn es hatte seit seiner ersten Erwähnung 1310 eine erstaunliche Geschichte der Verwandlungen hinter sich. Welche Fassade sollte es denn nun sein, die man dem Alten Rathaus neu schenken wollte? Man entschied sich für die früheste Variante, die gotische, behielt aber die Durchfahrten, die aus späterer Zeit stammten, für Fußgänger und Autos bei. Auch der so charaktervolle Turm wurde nach dem gotischen Original von 1493 wiederhergestellt. Sein Innenleben lässt alle junggebliebenen Herzen höherschlagen, denn es beherbergt das Spielzeugmuseum. Zu sehen sind alte Modelleisenbahnen, Plüschtiere, Puppen, Puppenstuben und Blechspielzeug. So ist dieses ein wenig zu kleine, ein wenig zu stille und ein wenig zu unauffällige Gebäude für den gar nicht so zauberhaften Marienplatz von großer Bedeutung, denn es schenkt ihm etwas Wesentliches: Charme und einen Hauch von Romantik – in seinem äußeren Erschei-

nungsbild und in seinem Inneren. Man muss nur die Augen aufmachen und es wahrnehmen. Aber so ist es ja mit vielen Schätzen, die entdeckt werden müssen, um ihre Schönheit zu zeigen. München leuchtet – hier ein wenig anders, als man gemeinhin meint.

Info

Neues Rathaus (Touristeninformation)
Marienplatz 8, 80331 München
Tel. 089 23396500
www.muenchen.de/sehenswuerdigkeiten/tourismus/touristeninformation

Frauenkirche
Frauenplatz 12, 80331 München
Tel. 089 2900820, www.muenchner-dom.de

Altes Rathaus (Spielzeugmuseum)
Marienplatz 15, 80331 München
Tel. 089 294001
www.spielzeugmuseum-muenchen.de

Zu Ehren Gottes, der Menschen und der Musik
Sankt Michael

Es ist schon erstaunlich, wie viel wir übersehen können von den Schätzen um uns herum, wenn niemand uns auf sie hinweist! Fast erschrocken erkennen wir dann das Verborgene und begreifen, was wir versäumt hätten, wenn nicht ein Zufall oder ein kundiger Mensch uns aufmerksam gemacht hätte! Wie gut und stärkend wäre es, wir würden immer mit wachen Augen und gespannten Sinnen durch das Leben gehen und bewusst aufnehmen, was uns als unverdientes Geschenk vor die Füße gelegt wird. Doch so sind wir leider nicht gemacht, so bin ich auch nicht. Fokussiert auf das, was gerade meine ganze Aufmerksamkeit fordert, oder abgelenkt von zu vielem, was um mich herum geschieht, kann ich jahrelang achtlos an Orten und Gebäuden vorbeigehen, ohne wahrzunehmen, dass sie mir doch eine Botschaft zurufen. Was für ein Glück, wenn dann der Augenblick kommt und ein Anlass die Augen öffnet.

So ging es mir mit Sankt Michael. Diese Jesuitenkirche ist eines der bedeutendsten Gotteshäuser

Münchens, war architektonisch wegweisend für den Aufbruch der Renaissance ins Barock und wurde viele Male nachgebaut. Sie hat nur einen sehr entscheidenden Nachteil: Sie liegt mitten in dem unruhigsten und am wenigsten einladenden Teil der Fußgängerzone zwischen Marienplatz und Stachus (Karlsplatz) und ist noch dazu kaum von außen als Kirche zu identifizieren. Hier in der Neuhauser Straße lässt man sich von Kaufhaus zu Kaufhaus schieben, versucht man möglichst schnell durch die Menge hindurchzugelangen, um das Notwendige zu erstehen, und so ist es, das sei zu meiner Entschuldigung gesagt, fast natürlich, wenn man Sankt Michael jahrelang links oder, je nach eigener Richtung, rechts liegen lässt. Mitten im Durcheinander der Schnäppchen-Gesteuerten, umrahmt von Geschäften, Bierlokalen und Stehcafés, ist es tatsächlich nicht leicht, hinter der äußeren Fassade eines großbürgerlichen Stadthauses diese Kirche zu entdecken. Noch dazu ist die City von München voller Gotteshäuser und bei so viel geistlicher Nachbarschaft kann man schon mal den Überblick und die Aufmerksamkeit für jede einzelne verlieren. Die Frauenkirche, die Bürgersaalkirche, der Alte Peter, die Heilig-Geist-Kirche, die Theatinerkirche, die Asamkirche und viele mehr – welche spricht mich am meisten an? Türme sind da gut zum Auseinanderhalten. Doch ausgerechnet die Michaelskirche hat keinen aufzuweisen.

Wenn man dann aber still vor diesem würdevollen Haus stehen bleibt, entdeckt man über dem Eingang den heiligen Michael und sieht, wie er mit dem Bösen kämpft. Dass sich in dem Bösen die Reformation symbolisiert – aber wer weiß das schon! –, lässt ahnen, wie lange es dieses Gotteshaus schon gibt. Doch bei der Bewunderung der Fassade sollte man es nicht belassen. Es lohnt sich, durch eine der beiden Türen in das lichthelle Kirchenschiff einzutreten. Sofort fällt auf, dass die Antike hier sehr lebendig ist. Der Chorbogen und die Seitenkapellen

erinnern an Triumphbögen, und das hat seinen guten Grund. In den Abbildungen des Lebenswegs von Jesus an den Wänden, die in dem beeindruckenden dreigeschossigen Hochaltar (Foto) mit dem zentralen Motiv des Höllensturzes ihr Ziel finden, ist nichts anderes zu erkennen als die Feier des Sieges der Wahrheit über die Lüge, der Gerechtigkeit über den Profit, der Freiheit über die Gewalt. Diese Kirche strahlt die Freude über den Triumph des Göttlichen aus und diese Freude überträgt sich, sobald man sich auf eine der Kirchenbänke setzt. Über allem erhebt sich ein hohes, stuckverziertes Tonnengewölbe, das den Eindruck von Ruhe und Geborgenheit vermittelt.
Über 400 Jahre steht diese Kirche hier im Zentrum der Stadt. Erbaut wurde sie ab 1583 von Herzog Wil-

helm V., dem „Frommen“, für die Jesuiten. Einen triumphalen Prachtbau plante er, und so entstand die größte Renaissancekirche nördlich der Alpen, deren Ausmaße sogar die der Mutterkirche der Jesuiten, „Il Gesù“ in Rom, die als Vorbild diente, übertrafen. Ja, des Herzogs Frömmigkeit muss schon außergewöhnlich gewesen sein, wenn man sie an seinem Bauvorhaben messen will, denn sie brachte ihn an den Rand des Staatsbankrotts. Doch der Hochmut wurde rasch in die Grenzen gewiesen. Noch während der Bauzeit stürzte der Turm ein und zerstörte den Chor, was viele Menschen begreiflicherweise damals als Mahnung des Himmels zur Bescheidenheit sahen. Der Herzog aber las die Zeichen anders und beschied, den Chor um vieles größer wieder aufzubauen. Auf den Turm allerdings verzichtete er wohlweislich. Auch dem Tonnengewölbe, das mit 20 Metern Spannweite nach St. Peter in Rom das zweitgrößte der Welt ist, wurde kein gutes Schicksal vorhergesagt. Wie sollte ein solches architektonisches Bauwunder halten? Doch es hielt – bis 1944. Der Zweite Weltkrieg erst ließ es in Trümmer versinken, aber schon bald wurde es wieder aufgebaut.
Heute, nach jahrelanger Renovierung, leuchtet Sankt Michael in einer einzigartigen Schönheit und mit großer geistiger Ausstrahlung. Nicht umsonst liegen viele Mitglieder der bayerischen Königsfamilie in der Fürstengruft der Jesuitenkirche begraben, unter ihnen der „Märchenkönig“ Ludwig II., der 1886 verstarb.
Sankt Michaels großzügige Architektur bietet nicht nur eine spirituelle Oase, sondern hat sich mit einem eigenen Orchester und einem großen Chor der geistlichen, daneben aber auch der weltlichen

Kultur verpflichtet. Konzerte, Lesungen, sogar kleine Theaterveranstaltungen finden hier statt. Bei einem adventlichen Benefiz-Konzert zugunsten sozial benachteiligter Kinder habe ich die Kirche zum ersten Mal erlebt. Es war ein unvergessliches Ereignis. Maestro Zubin Mehta mit dem Bayerischen Staatsorchester, dem Kinderchor der Oper und der Tenor Jonas Kaufmann präsentierten Musik, die im großen, bis auf den letzten Platz besetzten Kirchenschiff die Herzen der Menschen berührte. Sankt Michael war ein einziger großer Klangkörper zu Ehren der Humanität. Dass die Kirche einmal das Zentrum der Gegenreformation war, scheint mir heute gar nicht mehr vorstellbar.
Diese Kirche hat viele Gesichter und gibt den ganz unterschiedlichen Schwingungen der Seele einen geschützten Raum. Sie ist offen für jeden, der sie mit Ehrfurcht betritt und die Würde, die von ihrer Schönheit ausgeht, zu spüren weiß.

Info
Jesuitenkirche St. Michael
Neuhauser Straße 6, 80333 München
Tel. 089 2317060, www.st-michael-muenchen.de

Die Sankt-Peters-Kirche von München

Der Alte Peter

Wenige Schritte vom Marienplatz und ebenso wenige vom Viktualienmarkt entfernt auf einer kleinen Anhöhe, dem Petersbergl, steht die Sankt-Peters-Kirche von München. Ihre von Carl Orff in seiner „Bernauerin" (1947) einprägsam beschriebenen Glocken klingen weit in die Stadt hinein. Der Name ist aller Ehren wert und ihm wird im Innern der Kirche auch Rechnung getragen. Der pompöse, golden glitzernde, für meinen Geschmack ein wenig überdimensionierte barocke Hochaltar zeigt den heiligen Petrus im Zentrum von Figuren, die die Kirchenväter darstellen. Es ist wohl so etwas wie ein Wunder, dass ausgerechnet diese Petrusfigur die Jahrhunderte der vielfältigen Verwandlungen und Zerstörungen überlebt hat, ist sie doch das einzige Element im Barockaltar, das nach einer wahrhaften Odyssee durch die Kunststile der Zeiten aus dem frühen gotischen Altar übernommen wurde. Mit Sicherheit waren die Münchner immer sehr stolz auf ihren heiligen Petrus. Anfang des 18. Jahrhunderts wollte man seine Bedeutung noch steigern und setzte ihm durch den Münchner Goldschmied Michael Ernst eine abnehmbare Tiara, die dreifache Krone der Päpste, auf. Nein, ich will nicht lästern, aber ein wenig lächeln muss erlaubt sein bei der Vorstellung, dass diese Krone tatsächlich immer dann abgenommen wird, wenn ein Papst gestorben ist – oder, zeitgemäßer gedacht, wenn seine Amtszeit abgelaufen ist – und die Zeit der Sedisvakanz einsetzt, in der sich die Kardinäle in Rom darum bemühen, den leeren Stuhl Petri wieder zu besetzen. Die Zeit zwischen den Päpsten ist also jedes Mal auch eine bedeutende Zeit für den Alten Peter. Scharenweise kommen die Gläubigen dann hierher und fühlen sich dem Geschehen in Rom sehr nah. Mit Gebeten und Gesängen bitten sie Gott darum, ihnen einen guten neuen Papst zu schenken. Am Tag der Amtseinführung des neuen Papstes geht dann auch für die Münchner Sankt-Peters-Kirche die Sedisvakanz sichtbar zu Ende. Die Tiara wird dem Petrus am Altar wieder auf das Haupt gesetzt und jeder weiß: Habemus Papam!

Ursprünglich fing alles einmal mit einer schlichten romanischen Kirche an, die schon 1278 durch eine prunkvollere gotische Basilika ersetzt wurde. Im 17. und 18. Jahrhundert gestalteten Arbeiter die Türme und den Altar im barocken Stil um. Der Zweite Weltkrieg ließ von der historischen Pfarrkirche fast nichts übrig, wie bei so vielen anderen Münchner Gebäuden auch. Nur ein Turmstumpf war geblieben. Nein, es stand nach Kriegsende gar nicht gut um die Zukunftsaussichten des Alten Peters, denn die ganze Stadt lag ja in Trümmern und woher sollte man da die Mittel für eine Rekonstruktion der Kirche nehmen? Den für das Stadtbild so wichtigen Turm (Foto) würde man wiederherstellen, aber für Sankt Peter selbst gebe es keine Chance auf Wiederbelebung, so hieß das Urteil. Doch die Münchner fanden sich damit nicht ab, kämpften konfessionsübergreifend um den Wiederaufbau und ertrotzten sich so das Überleben der alten Kirche. Es

wurde eine lange Rekonstruktionsarbeit, die endgültig erst im Jahr 2000 abgeschlossen war. Jetzt klingen sie wieder, die sieben Glocken, von denen die vier historischen zwischen den Jahren 1327 und 1720 gegossen wurden. Die kleinste und älteste Glocke wird nicht mehr gebraucht. Sie, die Arme-Sünder-Glocke, ertönte bei den Hinrichtungen auf dem Marienplatz und hängt jetzt hinter einem vergitterten Fenster im Untergeschoss des Turms.

Wer Lust, Zeit und Ausdauer beim Treppensteigen hat, kann den fast hundert Meter hohen Turm besteigen und wird mit einem Rundumblick über die Stadt und – bei Föhnwetter – bis zu den Alpen belohnt. Die Frage, warum am Turm gleich acht Zifferblätter angebracht sind, hat Karl Valentin einst so

beantwortet: „Ja mei, damit halt acht Leute gleichzeitig auf die Uhr schauen können.“
Zweifelsfrei wird der Alte Peter geliebt. Die Stadthymne von München, deren erste Zeile das Pausenzeichen des Bayerischen Rundfunks ist, gibt davon Zeugnis. Bis zum Abschluss des Wiederaufbaus 1951 ließ der BR die letzte Note ungespielt, um mit der unvollendeten Melodie jeden, der hören konnte, daran zu erinnern, dass Spenden für die Restaurierung der Kirche benötigt wurden.

Solang der Alte Peter
am Petersbergerl steht,
solang die grüne Isar
durchs Münchner Stadterl geht.
Solang da drunt am Platzl
noch steht das Hofbräuhaus,
so lang stirbt die Gemütlichkeit
in München niemals aus,
so lang stirbt die Gemütlichkeit
in München niemals aus.

Wer dieses kleine Lied nicht nachsummen und den Text zumindest in Gedanken mitsingen kann, ist wohl kein so ganz echter Münchner. Das ist allerschönste Folklore, das ist Münchner Heimatgefühl, das sich eben nicht ans Oktoberfest oder die Feldherrnhalle bindet, sondern an die älteste Pfarrkirche der Stadt und die Orte, an denen die Bürger ihr friedliches Miteinander leben.
Was mich im Alten Peter viel mehr berührt als der Prunkaltar, die goldenen Kunstschätze an den Wänden und das Wissen, dass ich auf historischem Boden stehe, sind die Besucher der Kirche. Viele kom-

men, viele gehen, wie das so bei Wahrzeichen von Städten ist. Aber anders, als ich es oft erlebt habe, bleiben hier viele von ihnen in den Bankreihen sitzen, knien, beten und halten still Andacht. Es sind junge und alte, Europäer und Asiaten, Amerikaner und Afrikaner und sicher auch viele Münchner. Diese Menschen in ihrer Gläubigkeit, vielleicht auch in ihrer Suche nach Stille, sind es, die dem Kirchenraum seine Spiritualität geben. Sehr beeindruckt verlasse ich das Gotteshaus, zu dem die Menschen tatsächlich wie zu einem lieben alten Familienmitglied kommen, dessen Weisheit und Ruhe ihr Leben sicherer machen.

Info

St. Peter München
Petersplatz 1, 80331 München
Stadtpfarramt (direkt gegenüber):
Katholische Kirchenstiftung St. Peter
Rindermarkt 1, 80331 München
Tel. 089 210237760, www.alterpeter.de

Die gute Stube Münchens
Der Viktualienmarkt

Es gibt merkwürdige Leute und ich gestehe, dass ich zu ihnen gehöre, die gehen auf die größten und schönsten Märkte ohne Einkaufstaschen und mit wenig Geld im Portemonnaie. So komme ich nicht in Versuchung, mich zu „beschweren“. Ich will herumschlendern, die Augen und die Ohren offen halten und dabei keine Lasten tragen.
Als Käufer bin ich also uninteressant, wenn ich vom Alten Peter den kleinen Weg hinunter zum Viktualienmarkt schlendere und beim Anblick des Budenzaubers erst einmal innehalte. Was sich da an buntem Treiben zwischen 140 Ständen jeder Art vor mir ausbreitet, hat eine alte Tradition. Schon 1807 hat König Maximilian I. den Bauern- und Kräutermarkt vom Marienplatz hierher legen lassen, denn Viktualien, also feine Lebensmittel, waren schon damals sehr beliebt. Die Gerüche sind noch gar nicht bis zu mir gedrungen, aber ich ahne sie vorweg, wenn ich die Käsestände sehe und die Auslagen vor der Wurstbude. Und erst die in schier unzähligen Farben leuchtenden Früchte! Welch ein Rausch für die Sinne!

Langsam überquere ich die Straße und trete ein in die „gute Stube“ Münchens, wie der Viktualienmarkt genannt wird. Die gute Stube, das riecht nach Heimeligkeit, nach bayerischem Wohnzimmer, nach Abenden am Kamin. Wie soll dieser Begriff hierher passen, wo doch Feinschmeckereien aus aller Welt angeboten werden und die Waren von so weit her gereist sind wie die Besucher? Sicher, die Münchner lieben ihren Viktualienmarkt sehr und setzen sich gern in den Biergarten, der zwischen den Buden mit seinen leckeren Schmankerln zum Bleiben verlockt. Aber unter sich sind sie hier schon lange nicht mehr. Doch schauen wir in eine gute Stube einmal hinein, so, wie wir sie selbst erlebt haben. Sie ist das Zentrum der häuslichen Gemeinschaft, wo sich die Familie trifft, Gäste empfangen und bewirtet werden und wo man die Kostbarkeiten aufbewahrt, die von Reisen und Ausflügen mit nach Hause gebracht wurden. Die gute Stube ist Ein- und Ausgangspunkt, von hier bricht man auf, hierher sehnt man sich in der Ferne und hier wird man nach der Rückkehr wieder empfangen. In der guten Stube werden Probleme und Sorgen miteinander geteilt, hier streitet man, hier versöhnt man sich. Hier ist man zu Hause! Und genau dieses Gefühl, zu Hause zu sein, verbinden die Münchner mit ihrem Viktualienmarkt.
So richtig kann man es nicht erklären, man muss es einfach einmal erlebt haben, muss sich viel Zeit nehmen, um das Geheimnis der Atmosphäre zu ergründen. Von außen gesehen stellt sich durchaus die Frage: Wenn ich nicht einkaufen will, was soll ich dann dort? Und überhaupt – warum macht man so ein Getue um diese knapp zwanzigtausend Quadratmeter mitten in der Stadt, vollgestellt mit Einkaufsbuden,

umringt von viel zu vielen Menschen aus unzähligen Länden, die viel Geld ausgeben für Früchte, Marmeladen, Öle, Kräuter, Käse, Weine, Schinken, Würste, diverse Brot- und Honigsorten, Antipasti, Nudeln, Blumen, erstaunlichste Gemüsezüchtungen, Salate, frisch gepresste Säfte, Geflügel, Honig, Trockenobst, Fisch und Fleisch, Holzschnitzereien, Strohtiere und andere bäuerliche Handarbeiten? Was für eine Mühe macht es, auf diesem riesigen Areal bepackt mit Tüten oder Einkaufskörben von der vordersten Ecke zur hintersten zu laufen, um dort die eine über alles gepriesene Ölsorte oder die seltenen Gewürze aus Arabien zu erstehen! Ein viel bequemerer Gang durch Käfers Feinkostgeschäft, oder, nur ein paar Minuten entfernt, durch „Dallmayr" und man hat um wenig mehr ausgegeben und um einige Stunden schneller die ersehnten Objekte der Begierden in Händen. Das Einkaufen allein also kann es nicht sein.

Dem Skeptiker sei gesagt: Man muss es erleben, weil man sinnliche Eindrücke nun einmal nur vage in Worte fassen kann. Ein paar Schritte von der Straße entfernt, im Land der bunten Buden – und die Verwirrung und Verzauberung der Sinne beginnt. Man kann sich nicht sattsehen an den Köstlichkeiten, die sich einem darbieten, und man kommt aus dem Staunen nicht heraus. Natürlich wissen wir längst, dass südamerikanische Früchte anders als unsere heimischen schmecken, dass französischer Käse und bayerischer nur ferne Verwandte sind und dass im Supermarkt gekaufter „Markenhonig" mit dem provenzalischen Lavendelhonig höchstens eine farbliche Ähnlichkeit hat. Aber das Wissen ist das eine, das Sehen und Riechen, das Überschwemmtwerden von der Vielfältigkeit ist das andere. Wie gut, dass ich keine Absichten habe, einzukaufen, denn wie sollte ich mich entscheiden? Man müsste den ganzen Markt in alle Richtungen durchwandern, sich die Standl und Wege und die Waren merken und am Ende wieder umkehren, um die endgültige Auswahl zu treffen. Aber inzwischen hat man Freunde getroffen, ist auf einer Bank sitzen geblieben, um ein Eis zu essen, hat den Liesl-Karlstadt- und den Karl-Valentin-Brunnen bewundert und möchte doch am liebsten ein kühles Weißbier zu sich nehmen. Und schon ist man im Biergarten im Gespräch mit den Tischnachbarn aus Paris auf der einen und aus Obergiesing auf der anderen Seite und lässt die geplante Rückrunde doch lieber ausfallen. Es ist viel zu schön, einfach nur hier zu sein, verzaubert, entrückt aus der Großstadt, dennoch mitten in ihr, weit weg in der Ferne, wo die Düfte Palermos und Mexikos sich mischen, und doch ganz und gar im Herzen von Bayern. Nein – einkaufen muss man hier in der guten Stube Münchens nicht unbedingt, obwohl es schwerfällt, mit ganz leeren Händen den Platz zu verlassen, aber da sein, wiederkommen, teilnehmen und sich ein Stück weit zu Hause fühlen, ganz gleich, von welcher Ecke der Welt man hierhergekommen ist und wohin man als Nächstes wieder gehen wird, das macht den Reiz des Viktualienmarkts aus. Er ist tatsächlich so etwas wie die gute Stube Münchens.

Info

Viktualienmarkt 3, 80331 München
www.viktualienmarkt-muenchen.de
Mo–Sa 6–18 Uhr

Glaubens- und Lebensgeschichten

Der Sankt-Jakobs-Platz

Sankt Jakob am Anger und Jüdisches Zentrum

Neben den vielen Zeugnissen christlicher, meist katholischer Glaubenskultur hat München auch eine bis ins Mittelalter reichende jüdische Tradition. Seit meiner Kindheit habe ich eine Zuneigung zu dieser alten Religion, ohne die sich das christliche Abendland niemals als solches hätte entwickeln können. Jüdischer Glaube und jüdische Traditionen besitzen für mich die Faszination einer in der Ferne lebenden alten Verwandten. Sie haben etwas Archaisches, sind mir fremd und doch nah und vertraut. So war es nur natürlich, dass mich das Jüdische Zentrum am Sankt-Jakobs-Platz, nur wenige Gehminuten vom Viktualienmarkt entfernt gelegen, anzog.
Der erste Blick auf die Synagoge und den daran anschließenden Komplex ist beeindruckend. Unwillkürlich bleibe ich stehen, um die architektonische Kraft der Bauten und die Aura dieses Platzes auf mich wirken zu lassen. Fast fühle ich mich nach Israel versetzt, an die Klagemauer, denn die grob behauenen Steine des massigen Sockels der Synagoge scheinen uralt zu sein, so als ob sie aus Jerusalem

stammten. Über dem Sockel weist ein gläserner, von einem bronzenen Stahlnetz zusammengehaltener Kubus gen Himmel. „Ohel Jaakow“ heißt dieses Gotteshaus – Zelt Jakobs, eines der Stammväter des Volkes Israel, denn als der Prophet Bileam die Israeliten im 4. Buch Mose segnet, beginnt er mit den Worten: „Wie gut sind deine Zelte, Jakob, deine Wohnungen, Israel!“

Es ist ein heißer Sommertag. Im Eingang einer Kirche, die ich bisher kaum beachtet habe, suche ich Schatten. Sie wirkt ein wenig unscheinbar, fast abweisend in ihrer kühlen Bescheidenheit, doch die Tür steht offen und ich gehe hinein. Im Innern stelle ich fest, dass sie längst nicht so prächtig ist wie viele ihrer Münchner Kirchen-Kolleginnen. Gerade diese Schlichtheit macht sie mir sofort sympathisch. Ich beschließe, hier noch ein wenig zur Ruhe zu kommen und nachzudenken, bevor ich mich auf die Entdeckungsreise durch die Welt des Judentums mache.

Ich bin in der Kirche Sankt Jakob am Anger, der Namensgeberin des Platzes, gelandet. Auf den strengen Bänken aus Erlenholz überlege ich, woher die Namensgleichheit mit der Synagoge stammen mag. Dass das jüdische wie das katholische Gotteshaus ihren Namen ein und derselben biblischen Figur verdanken, scheint naheliegend. Doch weit gefehlt! Ein kleines Büchlein, das im Eingang zu erwerben ist, klärt mich auf. Während die Synagoge nach dem Jakob des Alten Testaments ihren Namen erhielt, wurde die Kirche nach Jakobus, einem Jünger Jesu, benannt. Die beiden gleichlautenden Namen werfen Fragen auf nach Trennendem und Verbindendem zwischen den Religionen. Fast zweitausend

Jahre liegen zwischen den beiden Jakobs. Aber wurden nicht die Juden damals und heute oft nach ihren Stammvätern genannt und hat daher nicht auch der Jünger Jesu seinen Namen nach Jakob, dem Enkel Abrahams, erhalten? Mir wird klar, der Name Jakob trennt nicht zwischen dem Alten und dem Neuen Testament, zwischen Juden, Judenchristen und Christen, sondern er verbindet über die lange Zeit ihrer Geschichte hinweg die Glaubensfamilien miteinander. Jakob, der uralte, und Jakobus, der um so viel jüngere – sie bilden hier an dem Münchner Jakobsplatz die Brücke zwischen Judentum und Christentum. Auch wenn nicht der Platz oder gar die Kirche Namensgeber für Ohel Jaakow waren, sondern eine von den Nazis im Novemberpogrom 1938 zerstörte frühere Münchner Synagoge in der Herzog-Rudolf-Straße, so kann doch die Namensgleichheit nur gute Fügung sein.

Die angenehmen, nicht zu großen Ausmaße der Sankt-Jakobs-Kirche, die Helligkeit und Weite des weiß verputzten, fast schmucklosen hallenartigen Kirchenraums atmen Spiritualität und Transparenz. Im Altarraum leuchtet mir ein goldenes Kunstwerk entgegen, das frei in der Luft zu schweben scheint und das mich durch seine Schwerelosigkeit und Strahlkraft in den Bann zieht. Josef Henselmann hat dieses moderne Kruzifix geschaffen, das Jesus am Kreuz zeigt, wie er sich zu der knienden Mutter Maria hinabbeugt und sie krönt. Da ist das Grauen aufgehoben, nur Liebe, Zärtlichkeit und Hingabe liegen in der Haltung von Mutter und Sohn. Die Schlange als Zeichen des Bösen, die sich um den unteren Teil des Kreuzes windet und vom Fuß der Maria zurückgehalten wird, hat gegen diese Kraft der Liebe keine

Macht. Das ist endlich einmal ein Kruzifix, das Hoffnung macht! Damit kann ich gut leben.
Die Kirche wirkt auf außergewöhnliche Weise modern und alt zugleich, Neuem geöffnet, an Vergangenes gebunden. Aus dem Büchlein erfahre ich, dass diese einstmals romanische Franziskanerkirche tatsächlich eine sehr wechselhafte Geschichte hinter sich hatte, bis sie schließlich im Zweiten Weltkrieg völlig zerstört und von 1955 bis 1957 durch den Architekten Friedrich F. Haindl neu erbaut wurde. Der Idee der Einfachheit des Franziskus von Assisi wurde dabei eindrucksvoll Rechnung getragen.
Weiter lese ich, dass die Sankt-Jakobs-Kirche zu dem an sie anschließenden Angerkloster gehört. Anger heißt die Gegend, in der sich der Jakobsplatz befindet. Im Jahr 1212 wurde das Kloster von vier Klarissen, Angehörige eines Frauen-Ordens, der sich der Armutsbewegung des Franz von Assisi angeschlossen hatte, gegründet. Jahrhunderte später kam dann eine wirklich außergewöhnliche Frau ins Spiel. Maria Theresia von Jesu, geboren 1797 als Karolina Gerhardinger, war Nonne und Lehrerin. Die Verarmung der Menschen und die Not gerade der Frauen nach den Napoleonischen Kriegen wurde für Maria Theresia von Jesu zu einem Auftrag, dem sie sich lebenslang mit einer schier unglaublichen Energie widmete. Es reichte ihr nicht aus, Frauen durch Almosen in ihrer Armut beizustehen, sie wollte das Übel an der Wurzel packen und gründete den Orden der Armen Schulschwestern, um Frauen durch Unterricht und Erziehung in der Gemeinschaft eine Bildungsgrundlage zu geben. König Ludwig I. verstand ihre Vision und sagte über sie: „Diese Frau weiß, was sie will, und was sie will, ist groß gedacht.“

1843 bezog Maria Theresia von Jesu mit 40 Schwestern, 40 Novizinnen und rund 60 Kandidatinnen das Angerkloster in München und machte es zum Stammhaus ihrer Kongregation. Für damalige Verhältnisse fast revolutionär modern waren die Unterrichtspläne, die sie für ihre Schulen und Ausbildungsstätten im Kloster festlegte und die auf große Zustimmung des Königshauses stießen. So konnte sie mit höchster Erlaubnis von „oben“ nach Amerika reisen und auch dort ihre Ideen vertreten. Als Maria Theresia von Jesu 1879 starb, hatte ihre Kongregation es weltweit auf 295 Niederlassungen gebracht. 1985 wurde diese wunderbare Frau von Papst Johannes Paul II. selig gesprochen. Bis heute hat sich ihre Idee von einer an der individuellen Persönlichkeit jedes Menschen orientierten undogmatischen Erziehung erhalten und weiterentwickelt. Vom Kindergarten bis zum Gymnasium bietet das Angerkloster noch immer Ausbildung auf hohem Niveau, basierend auf den Werten der Menschenwürde und der Weltoffenheit. Beim Hinausgehen bleibe ich am Grabstein der Maria Theresia von Jesu unter der Orgelempore stehen. Er ist so bescheiden und so modern, wie sie es in ihrem Leben war.
Mit dem Schritt aus der Kirche heraus betrete ich wieder eine vollkommen andere Welt. Die beiden kubusartigen Bauwerke der Synagoge (Foto) und des Jüdischen Museums stehen so nah nebeneinander, als wollten sie sich berühren. Neben ihnen liegt das Gebäude des Jüdischen Gemeindezentrums, in dem Vortragssäle, ein Café sowie ein Kindergarten und eine Schule untergebracht sind, die auch nichtjüdische Kinder willkommen heißen. Neben den altersgemäßen Lerninhalten wie in anderen Schulen und

Kindergärten werden hier außer der hebräischen Sprache und der jüdischen Religion die wichtigsten Inhalte und Traditionen christlichen Glaubens vermittelt. Die Bedeutung der vielen jüdischen, aber auch der christlichen Feiertage wird den Kindern nicht nur erklärt, sondern die Feste werden fröhlich

miteinander gefeiert. Diese drei Gebäude bilden die wichtigsten Pfeiler des Jüdischen Zentrums, das Einrichtungen vereint, die vorher über die ganze Stadt verteilt waren.

Ihre klaren hellen Strukturen und ihre archaisch wirkende Bauweise strahlen eine ungeheure Energie aus. Als seien sie immer schon hier gewesen und als rühre ihre Kraft aus einer unendlichen Geschichte, so unerschütterlich und ruhig stehen sie da. Und doch entstand das Jüdische Zentrum an diesem Ort erst ab 2003, nachdem der im Krieg zerstörte Platz ein halbes Jahrhundert nur wenig beachtet worden war. Was heute so selbstverständlich erscheint, brauchte lange, bis es sich gegen viele Widerstände gestalten durfte: das neue Zentrum der nach Berlin zweitgrößten jüdischen Gemeinde Deutschlands. Dem Architektenteam Wandel Hoefer Lorch ist es gelungen, mit dieser spannungsreichen,

anziehenden Bebauung des Platzes den Münchnern das Geschenk eines faszinierend schönen Ensembles zu machen, das sich längst in das Leben der Stadt integriert hat.
Was auf den ersten Blick an Ewigkeit und Stärke denken ließ, erscheint nach dem Betreten des Innenraums der Synagoge in einem ganz anderen Licht. Der Blick geht sofort nach oben in die gläserne Dachkonstruktion, die den Besucher aus dem schlichten Holzraum hinaus an den Himmel heranführt. Das Dach ist transparent und wie aufgesprengt, nach oben offen, so wie früher ein Zelt war, das, anders als ein festes Haus aus Stein, jederzeit abgebrochen werden kann. Intuitiv spüre ich eine wesentliche Erfahrung des Judentums: Nichts ist für die Ewigkeit, sogar die Tempel werden zerstört. Jeder Betende hier ist sich bewusst, dass er sich auf einer Wanderung befindet, so wie sein Volk durch seine ganze Geschichte hindurch immer wieder an neuen Orten Heimat suchen musste. Aufbruch und Neubeginn, seit Jahrtausenden erfahren, prägen bis heute das jüdische Lebensgefühl, selbst wenn sich wie hier in München so etwas wie eine Sicherheit zu zeigen scheint. Dieses gläserne Dach erinnert auch an die Sukkah, die Hütte im Laubhüttenfest, die oben nur mit Palmenblättern bedeckt werden darf, denn man muss Himmel und Gestirne sehen können, wenn man darin zusammensitzt. In der eindrucksvollen Architektur dieser Synagoge, die die Menschen in der Gemeinschaft zusammenführt und sie gleichzeitig in Beziehung zum Himmel stellt, wird eine Grundsäule der jüdischen Religion erlebbar: Das, was uns hält und trägt, ist die direkte und persönliche Verbindung jedes Menschen zu

Gott, ohne Mittler und Prediger, und die Gemeinschaft miteinander.
Freundliche Mitarbeiter(innen) im hellen Eingangsbereich des Jüdischen Museums mit der legendären „Literaturbuchhandlung“ von Rachel Salamander weisen mir den Weg durch das Haus. Während in den beiden Obergeschossen wechselnde Ausstellungen um ein Jahresthema kreisen, ist im Untergeschoss die ständige Ausstellung „Stimmen Orte Zeiten“ zu erleben. Hier höre ich in einer akustischen Installation von der Ankunft von Juden in München, Geschichten, die bis ins Mittelalter zurückgehen. Ich erfahre, wo in München das jüdische Leben vor dem Zweiten Weltkrieg stattfand und was heute dort geschieht. Ich sehe Bilder von sehr unterschiedlichen Familien, die in der Stadt lebten, lese von einem Arzt, der wie alle jüdischen Ärzte in der Nazi-Zeit schrittweise seine Rechte zu praktizieren verlor und dann nach Theresienstadt transportiert wurde. Ich lerne kurz zusammengefasst die Inhalte der wichtigsten Feiertage und des Shabbats kennen und sehe dazugehörende Ritualgeräte, die aus dem Besitz Münchner Familien stammen. Bei all dem ist die Shoa, der nationalsozialistische Völkermord an den europäischen Juden, dem auch rund 4500 jüdische Münchner zum Opfer fielen, präsent, aber sie steht nicht im Mittelpunkt.
Bundespräsident Johannes Rau erinnerte 2001 bei der Eröffnung des Jüdischen Museums in Berlin daran, dass es ein Fehlschluss sei, im Holocaust die Summe der deutsch-jüdischen Geschichte zu sehen. Diesem Gedanken, so scheint mir, wurde auch hier Rechnung getragen. Zwei Jahre später sagte Johannes Rau bei der Grundsteinlegung für die Münchner

Synagoge und das Jüdische Zentrum wegweisende Worte: „Lassen Sie uns gemeinsam daran arbeiten, dass niemand in Deutschland Angst haben muss, ganz gleich wie er aussieht, ganz gleich wo er herkommt, ganz gleich was sein Glaube ist, ganz gleich wie stark oder wie schwach, wie gesund oder krank er ist, lassen Sie uns gemeinsam für ein Deutschland sorgen, in dem man ohne Angst verschieden sein kann.“

Info

Kloster- und Institutskirche St. Jakob am Anger
Sankt-Jakobs-Platz 1, 80331 München
Tel. 089 231790

Israelitische Kultusgemeinde München und Oberbayern K.d.ö.R.
Sankt-Jakobs-Platz 18, 80331 München
Tel. 089 202400100, www.ikg-m.de

Jüdisches Museum München
Sankt-Jakobs-Platz 16, 80331 München
Tel. 089 23396096
www.juedisches-museum-muenchen.de

Ein trutziges Tor und eine Straße mit Charakter

Rund um das Sendlinger Tor

Sendlinger Straße und Asamkirche

Wehrhaft, robust und ein wenig düster schaut es aus, das Sendlinger Tor, das die südliche Altstadt von der Isarvorstadt trennt. Es wirkt auf mich, ganz im Unterschied zum Isar- und zum Karlstor, den beiden anderen erhaltenen Stadttoren, immer streng und abweisend und ich fühle mich gar nicht eingeladen, unter dem mittleren Bogen hindurch in die lebhafte Sendlinger Straße zu gehen. Nur im Advent, wenn die dicken rötlichen Backsteinmauern von den Düften, Geräuschen und Lichtern des Christkindlmarkts umhüllt sind, bekommt es einen freundlicheren Ausdruck, aber sobald es wieder ohne weihnachtlichen Zauber in seiner ganzen Trutzhaftigkeit da steht, als würde es München wie im frühen 14. Jahrhundert noch immer vor seinen Feinden schützen, ist es aus mit Charme und Liebreiz. Und dennoch zieht dieses Tor mich in eigentümlicher Weise an, vielleicht weil von ihm eine Kraft und ein Stolz ausgehen, die in der Eleganz der historischen Bauwerke Münchens in dieser ungebrochenen Mächtigkeit selten zu finden sind.

Ausgerechnet durch dieses so nordeuropäisch anmutende Stadttor führte im Mittelalter der Weg von und nach Italien. Ich stelle mir vor, wie der erste Eindruck für die Menschen gewesen sein muss, die sich auf mühsamen Wegen über die Alpen gewagt hatten, dann schließlich durch das Dorf Sendling bis an die Stadtmauer Münchens gelangten, vor dem Tor standen und nun am Ziel waren. Respekt vor der Wehrhaftigkeit der Stadt wurde ihnen bestimmt abgenötigt und ein Gefühl von Respekt empfinde ich auch heute noch, wenn ich vor dieser alten Wehranlange und den Resten der Stadtmauer, die hier noch erkennbar sind, stehe.

Hinter dem Tor beginnt die Sendlinger Straße, eine der schönsten und mit ihren 500 Metern auch kürzesten Einkaufsstraßen Münchens. Sie hat sich weitgehend der glattgebügelten Künstlichkeit anderer Fußgängerzonen widersetzt, wenn auch das große Einkaufscenter anstelle der früheren Verlagsgebäude der Süddeutschen Zeitung und der Abendzeitung ein wenig melancholisch stimmt. Aber alles hat seine Zeit und die Redaktionen platzten hier aus allen Nähten. Natürlich gibt es auch in der Sendlinger Straße die altbekannten Markengeschäfte, aber daneben finden sich noch immer kleine, besondere Läden, in denen man genüsslich stöbern, und Lokale, in denen man sich treffen und ausruhen kann. Nicht weit vom Marienplatz entfernt mündet die Sendlinger Straße in den Rindermarkt und auch der berühmte Viktualienmarkt ist ganz in der Nähe.

Mittendrin zwischen den Häusern, aber durch ihre barocke Außenfront sofort ins Auge fallend, liegt die Asamkirche, eines der schönsten Schmuckstücke Münchens. Niemand, der mit wachen Sinnen

die Stadt besucht, sollte dieses Kirchenkleinod übersehen, denn seine außergewöhnlichen Rokokopracht, die sich im Innern entfaltet, ist einfach überwältigend. Sicher, der erste Eindruck hat etwas von „Zuviel“. Man kommt mit Geist und Sinnen kaum nach, fühlt sich überfordert und weiß nicht, wohin schauen, wohin gehen. Ich kann gut verstehen, dass manche Menschen die orgiastische, golden glänzende Jubelszenerie als Anbetung Gottes befremdlich finden. Innigkeit, Kontemplation, Demut, Spiritualität sehen anders aus. Näher liegt der Gedanke, dass Kitsch, Kunst und Mammon hier eine erstaunliche Allianz eingegangen seien. Aber es lohnt sich, nicht zu flüchten, sondern sich auf eine Kirchenbank zu setzen und den Blick auf die Details zu fokussieren. Der eine schwebende Engel, das eine goldene Ornament, diese beiden geschwungenen Marmorsäulen, diese Girlande, dieses Gemälde ... und mit jedem einzelnen Kunstwerk wird man ein Stück mehr in den Zauber der Kirche hineingezogen und ahnt, dass nicht in der großen Prächtigkeit, sondern in der liebevollen künstlerischen Ausgestaltung jeder der unzähligen kleinen und großen spätbarocken Schätze die Verehrung Gottes zu erkennen ist. Erst wenn die Gedanken und Gefühle zur Ruhe gekommen sind, sollte man sich langsam auf den prunkvollen Altarraum zubewegen.
Irgendwann überkommt einen vielleicht die Ahnung, dass hier eine sehr persönliche Frömmigkeit der Baumeister und Künstler zum Ausdruck kommt, und damit hat man das Entscheidende erfasst. Tatsächlich ist diese Kirche ein Traum, der Wirklichkeit wurde, geträumt und realisiert von den Brüdern Egid Quirin und Cosmas Damian

Asam, die als Maler, Bildhauer und Baumeister im 18. Jahrhundert viele bedeutende Kirchen und Klöster in Süddeutschland, Böhmen und der Schweiz schufen. Sie wohnten in der Sendlinger Straße und planten in ihrem Haus eine Privatkapelle zu Ehren von Sankt Johann Nepomuk, der als Brückenheiliger verehrt wird und einen der Brüder bei einer Donaufahrt aus Seenot gerettet haben soll. Da die Privatkapelle ihnen nicht genehmigt wurde, erwarben sie mehrere Grundstücke direkt neben ihrem Wohnhaus und bauten darauf ihre eigene Kirche. Die Grundsteinlegung erfolgte 1733, geweiht wurde sie offiziell als „Sankt-Johann- Nepomuk-Kirche“ am 1. Mai 1746 von Kurprinz Maximilian Joseph von Bayern. Der Wunsch der Brüder Asam, dieses Kleinod nur für ihre private Frömmigkeit zu nutzen, ging allerdings nicht in Erfüllung. Schon bald sorgten Proteste aus der Bevölkerung dafür, dass das Gotteshaus der Allgemeinheit geöffnet wurde.

Und so ist die Asamkirche bis heute mitten in einer lebhaften Einkaufsstraße ein Ort der Schönheit und des Glaubens geblieben, den die Münchner und ihre Gäste besuchen, um sich vom Glanz der Kirche bescheinen und von der Feinheit der Kunstwerke zur Ehre Gottes bezaubern zu lassen.

Info

Asamkirche (St.-Johann-Nepomuk-Kirche)
Sendlinger Straße 32, 80331 München

Sendlinger Tor
Sendlingertorplatz 1, 80336 München

Ein verwunschener Park
Der Alte Südfriedhof

Damit keine falschen Vorstellungen aufkommen: Auf dem Alten Südfriedhof in der westlichen Isarvorstadt, nur ein paar Gehminuten vom Sendlinger Tor entfernt, wird schon lange, genauer gesagt seit 1944, niemand mehr beerdigt und die Gräber hinter der dicken roten Backsteinmauer, die diesen Ort der Stille von der Welt dort draußen abschottet, wirken alles andere als gepflegt. Im Grunde sind vor und unter den wild wachsenden Blumen und Büschen kaum noch Grabstätten zu erkennen. Wer hier einmal bestattet wurde, von dem gibt es nur selten noch Nachkommen, die sich an ihn erinnern und die Flächen vor seinem Grabstein mit Blumen bepflanzen.

Dafür ist es die Natur, die ohne Kontrolle und ohne Zwang die Herrschaft über den verwunschenen Märchenpark übernommen hat. Und welche Farben, welche Gerüche, welche Musik zaubert sie gerade im Frühling in diesen eigenartigen Friedhof! Überall zwitschert es aus den großen Bäumen heraus, Schnecken suchen sich ihre Pfade, Eichhörnchen spielen Fangen miteinander. Es ist eine wahre Lust, in diesem Paradies stehen zu bleiben, durch die Laubbäume nach oben in den Himmel zu schauen und zu spüren, wie das Leben die Macht über den Tod gewinnt, wie verwoben wir sind im Kreislauf der Natur und getragen von einer geheimnisvollen Kraft, die aus dem, was vergeht, Neues entstehen lässt. Der liebe Gott könnte nur lächeln und sich freuen, wenn sich über alle streng geputzten und bewachten Friedhöfe und Totenäcker eine so fröhliche, herzerfrischende Wiederauferstehungsstimmung legen würde.

Auch die unzähligen, teils jahrhundertealten Grabsteine stehen nicht, wie von einem richtigen Friedhof zu erwarten wäre, in ordentlichen Abständen neben- und hintereinander, sondern drängeln sich zueinander, berühren sich manchmal, ja, einige scheinen sich aufeinander zu stützen, während andere einen weiten Abstand zum Nachbarn halten. Manche erzählen noch mit alten Buchstaben und Ziffern von dem Menschen, um dessentwillen sie hier einmal aufgestellt wurden. Mit Namen, Amt und Würden, Kindern und Kindeskindern weisen sie stolz auf Besitz und Stand zu längst vergangenen Lebzeiten hin. Gleich daneben stehen hohe Skulpturen, Respekt einflößende Kunstwerke, große marmorne Sarkophage oder unscheinbare, bescheidene Steine, auf denen die Namen verschwunden sind, ausradiert von Wind und Wetter, teilweise beschädigt durch die Kriege, die dieser Friedhof überstanden hat. Einflügelige Engel behüten nicht selten die Stelle, die einst einem Adligen zur letzten Heimstatt wurde. Sie stehen da, mitten in dem überschwänglichen Luxus von Fauna und Flora, der um sie herum

alles überquillt, als wären sie hier abgestellt, um darauf zu warten, noch einmal einen Sinn und eine Aufgabe zu bekommen. Doch so wird es nicht sein. Sie werden hier bleiben und das Geheimnis ihrer Entstehung für immer für sich behalten, stumme, eindrucksvolle Zeugen des Vergessenwerdens inmitten der ewig sich erneuernden Natur.
Alles auf diesem Friedhof scheint durcheinandergeraten zu sein, nichts entspricht dem, was man von einem Ort erwarten könnte, auf dem über 400 Jahre lang Menschen bestattet wurden und wo so große Persönlichkeiten wie Ernst von Possart, Max von Pettenkofer, Ferdinand von Miller, Leo von Klenze, Wilhelm von Kaulbach, Gabriel von Seidl, Carl Spitzweg, um nur einige wenige zu nennen, ihre letzte Ruhe fanden. Einzig die Wege sind sorgfältig gepflegt und wirken merkwürdig aufgeräumt zwischen so viel in Stein gehauener Dekadenz.
In diesem faszinierenden Kaleidokop des Lebens wird Vergangenheit lebendig. Wir lesen die Namen und die Zahlen und lassen uns mahnen an das, was Menschen in Jahrhunderten durchlitten haben. An dem Übergang zwischen dem alten und dem etwas neueren Teil erzählen Tafeln die Geschichte dieses Friedhofs, seit er im 16. Jahrhundert für die Armen angelegt wurde, im 17. Jahrhundert als Pestfriedhof diente, 1705/06 die Leichen von 800 Opfern der „Sendlinger Mordweihnacht", bei der bayerische Aufständische von kaiserlichen Truppen getötet wurden, obwohl sie sich bereits ergeben hatten, in einem Massengrab aufnahm und im 18. Jahrhundert schließlich der Zentralfriedhof von München wurde. Weitgehend zerstört im Zweiten Weltkrieg, wurde er nur teilweise wieder aufgebaut, um als

Parkanlage für Menschen zu dienen, die es nicht auf die allseits bekannten Touristenpfade zieht.
Viel Geschichte, viel Leid liegt hier an diesem wohl doch nur scheinbar paradiesischen Ort begraben. Doch wenn der Wind in den Zweigen tanzt und die Blätter sich nach einer leisen Melodie bewegen, wenn der große Stamm, von Efeu umarmt, seine Würde zeigt und lächelnd auf die wild wachsenden Tulpen und Maiglöckchen herabschaut, dann darf man lauschen auf das Geheimnis dieses Ortes und mag denken: Unter so einem Baum, inmitten von so viel Grazie und Heiterkeit möchte man wohl einmal begraben sein.

Info
Alter Südfriedhof
Thalkirchner Straße 17, 80337 München

Achtung: Geheimtipp!
Das Gasthaus Isarthor im Lehel
Und ein bisschen was über Karl Valentin

Gibt es mitten im Großstadtgetriebe einer von Touristen oftmals geradezu überschwemmten City tatsächlich noch Orte, Treffpunkte, Lokale, die „Geheimtipps“ sind, zugänglich also nur den wenigen Eingeweihten, die durch Hörensagen oder gar durch Zufall dorthin gefunden haben und ihre Entdeckung nun hüten, als gehöre sie ihnen allein? Ja, es gibt ein paar von diesen Schätzen in München. Einer von ihnen heißt Gasthaus Isarthor, zeigt beste altbayerische Tradition und liegt doch mitten im Lehel, einem Stadtteil, der sich mit französischem Flair eher unbayerisch gibt. Vom Krieg weitgehend unversehrt geblieben, erinnert die Architektur der Wohnhäuser im neubarocken Stil oder im Stil der Neorenaissance in den Straßen rund um den Sankt-Anna-Platz tatsächlich an Pariser Nobelgegenden und es ist kein Wunder, dass das Wohnen hier zu den schönsten, aber auch kostspieligsten Möglichkeiten gehört, die München zu bieten hat. Und ausgerechnet mitten zwischen all der Eleganz und Großbürgerlichkeit, nah an den Hauptadern der

Menschen- und Verkehrsströme, die durch München ziehen, aber doch so versteckt, dass man es nur findet, wenn man die Adresse genau weiß, liegt dieses kleine Ecklokal, das ich niemals entdeckt hätte, wäre ich nicht von Freunden dorthin mitgenommen worden.

Ist man jetzt also eingereiht in die Schar derjenigen, die diese Gaststätte lieben, stellt sich eine Gewissensfrage: Wenn man den Namen dieses „Geheimtipps“, den sogar die meisten alteingesessenen Münchner nicht kennen, preisgibt, wird man dann nicht zum Verräter und macht sich mitverantwortlich dafür, dass bald Busse mit Heerscharen von Touristen vorfahren und die Stammgäste das Weite suchen? Zu meiner Entschuldigung sei gesagt, dass das „Isarthor“ so klein ist, dass es sich niemals als ein Touristentreffpunkt eignen wird. Wer unangemeldet am Abend auf ein Bier mit köstlichem Schweinsbraten vorbeischaut, hat Mühe, einen Sitzplatz zu bekommen.

Das „Isarthor“ liegt, wie sollte es anders sein, sehr nah am 1337 erbauten Isartor, das im Mittelalter der östliche Haupteingang zur Stadt war. Die alte Schreibweise mit dem „h“ im Namen macht Sinn, zeigt sie doch, dass man sich hier nicht dem modernen Zeitgeist, sondern der Tradition der alten bayerischen Bierwirtschaft verpflichtet fühlt. Dieses Aus-der-Zeit-gefallen-Sein macht den Charme aus, durch den die kleine Kneipe zu einer außergewöhnlichen Gaststätte wird, nicht zu vergessen natürlich die daneben wichtigste Sache, um die es hier geht: das Augustiner-Bier, das beste Bier von München, wie Kenner schwören, gezapft aus hölzernen Fässern. So einfach die Gastwirtschaft im Kneipenstil

erscheint, so sehr überrascht wird man von der hervorragenden Qualität nicht nur des Biers, sondern auch der Speisen, die sich mit renommierten Restaurants durchaus messen können.
Winzig ist die einzige Gaststube des „Isarthors" wirklich, noch dazu ziemlich dunkel und uriggemütlich. Holzgetäfelte Wände, rohe Biertische, einfache Bestuhlung, eine Theke im Hintergrund, an der unüberhörbar mehrmals in einer Stunde neue Holzfässer angeschlagen werden und die immer von einer dichten Traube derjenigen umstanden wird, die auf einen Sitzplatz warten und dabei schon der ersten oder zweiten Halben zusprechen – das alles könnte schon seit Jahrhunderten so gewesen sein. Hier spürt man, wie das Lebensgefühl in München einmal war, bevor globale Vernetzung die Welt näher zusammenrückte und alles immer gleicher, schneller und kurzatmiger wurde. Unaufgeregtes Nahbeieinandersitzen, das Bier auf dem Tisch, intensive, verbindende Gespräche über Gott und die Welt und ein unausgesprochenes Zugehörigkeitsgefühl zu den Werten, die Bayern noch immer prägen, lassen im „Isarthor" die Ahnung wach werden, dass die Füße auf dem Boden und das Herz an der richtigen Stelle schon die Richtung zeigen, in die das Leben gehen soll. Tun, was man kann, und dann entstehen lassen, was kommt, denn anderes liegt nicht in unserer Macht – diese erd- und glaubensgebundene Einstellung wird hier mit handfestem Sinn erfüllt.
Dass die Einmaligkeit des „Isarthors" einen großen Reiz nicht nur auf die Münchner hat, die sich hier seit Jahrzehnten treffen, sondern auch auf die Außenseiter, die Künstler und Intellektuellen, die

der authentischen Einfachheit den Vorzug vor angesagten Szenelokalen geben, lässt sich denken. Doch nicht der äußere Anschein des Außergewöhnlichen prägt die Stimmung an den Tischen, sondern das nahtlose Verschwimmen von Vorurteilen und gesellschaftlichen Schranken. Das „Isarthor“ wird nie-

mals eines der schicken Münchner Künstlerlokale werden, aber es ist offen für jeden, der diesen Ort in seiner Einzigartigkeit zu schätzen weiß oder einfach nur mal schnell vorbeikommt, um ein Bier zu trinken nach einem harten Arbeitstag.

Im Sommer, wenn man draußen unter den dichten Laubbäumen sitzen kann, geht der Blick über den Brunnen mit der römischen Glücksgöttin Fortuna (Foto) hinweg zum Isartor, in dem das Valentin-Karlstadt-Musäum die surreale Komik von Karl Valentin (1882–1948) und seiner kongenialen Partnerin Liesl Karlstadt (1892–1960) zeigt. Wer will, kann dort dem Hintersinn der beiden bayerischen Querdenker beim Staunen über Originaldokumente, Ton- und Filmaufnahmen und Beispielen des Valentin’schen

Panoptikums, wie dem legendären Winterzahnstocher und der geschmolzenen Schneeplastik, nachspüren.
Hier, zwischen „Isarthor" und Isartor, zwischen Valentin'scher Komik und der warmen Atmosphäre unverstellter Freundlichkeit, scheint das unruhige Leben der Großstadt weit entfernt. Je weiter der Abend vorrückt, desto lauter wird im Bierlokal das lebensfrohe Geräusch von Menschen, die sich viel zu sagen haben. Jeder kann, wenn er will, auch die Gespräche an den Nachbartischen verfolgen, sich einmischen und teilnehmen. Distanz und Fremdheit verlieren sich in menschenfreundlicher Nähe.

Info
Gasthaus Isarthor
Kanalstraße 2, 80538 München
Tel. 089 227753, www.gasthaus-isarthor.de

Valentin-Karlstadt-Musäum
Tal 50, 80331 München
Tel. 089 223266, www.valentin-musaeum.de

Der Solitär unter den Stadtvierteln

Haidhausen

Kulturzentrum Gasteig, Muffathalle, Üblackerhäusl

„Auf der Gasteiger Höh, Da haltn wir an, im Abend liegt da die Stadt ...“ eindrucksvoll und mit großer Kraft beschreibt Carl Orff, Münchens großer Komponist, Dichter und Musikpädagoge, in seinem 1947 uraufgeführten Stück „Die Bernauerin“ den Blick von der Gasteiger Höh (von „gacher Steig“ = steiler Weg) hinab auf München, wie er sich vor fünfhundert Jahren geboten haben mag. „Heimlige Weger durchs Ufergebüsch“, „Anger und Länden“ und „blühenden Holler“ (Holunder) erblicke man, heißt es da in seinem ans Altbayerische angelehnten Kunstdialekt. Die Zeiten ändern sich und heute steht auf der Anhöhe rechts der Isar, dort wo der Stadtteil Haidhausen beginnt, seit den frühen 1980er-Jahren eine moderne Allzweck-Burg, der „Gasteig“. Dieses eigentümliche Gebäudewesen wurde der Kultur Münchens geweiht, wenn man denn das Wort „Weihe“ in diesem Zusammenhang überhaupt gebrauchen will. „Kultur“ – dieser Begriff aber stimmt auf jeden Fall, und zwar so umfassend, wie man es sich nur vorstellen kann. Literatur (Stadtbibliothek), Bildung (Volkshochschule), Kunst (Ausstellungen in den Gängen), Theater (Black Box), Vorträge, Kino und Ballettvorstellungen haben hier ihren Platz gefunden. Über allem thront die Musik. Ihr sind – neben Räumen der Musikhochschule – die drei wichtigsten Säle gewidmet: der „Kleine Konzertsaal," der „Carl-Orff-Saal" und schließlich das Herzstück des Gasteigs, die „Philharmonie", in der neben den Münchner Philharmonikern weltbekannte Künstler der Musikszene gastieren. Doch die Akustik war von Beginn an ein Ärgernis und erst nach einigen Umbauten genügte sie einigermaßen den Künstlern und dem Publikum. So hat München ein Kulturzentrum, das vielen vieles bietet, allerdings das Wesentliche nicht schafft: die Musikbegeisterung der Stadt durch einen Konzertsaal zu repräsentieren, der den internationalen Standards und den architektonischen Erwartungen des Publikums entspricht. Der Gasteig steht daher in der Diskussion. Wie seine Zukunft sich in diesen Planspielen gestalten wird, wo und wann ein neuer Konzertsaal seinen Standort findet, steht noch in den Sternen und wird wohl in den Hinterzimmern der Politik ausgehandelt werden, jedoch lautstark durch Volkes Stimme begleitet.

Wem der Gasteig wie ein Fremdkörper in seiner Umgebung vorkommt, der wird nur wenige Straßen weiter im Zentrum von Haidhausen einen Teil von München finden, der ganz unangepasst seinen Charakter bewahrt hat. Haidhausen ist ein besonderer, sehr romantischer Ort, in dem die Geschichte an jeder Ecke hervorlugt. Mag ja sein, dass die Partyszene und die Jugendkultur mit ihren Events sich hier ihren Hotspot gesucht haben und dass daneben die Familien mit Buggys und Familienkutschen die Straßen dominieren. Ein Geheimtipp wie in den 1970er-Jahren ist Haidhausen auf jeden Fall nicht mehr. Natürlich ist es nicht spurlos am Innenleben dieses Stadtteils vorbeigegangen, dass die Mietpreise sich in den letzten Jahrzehnten den utopischen Höhen der anderen begehrten Quartiere angepasst haben. Aber wie stark die Veränderungen auch sein mögen, sein Wesen des Außergewöhnlichen hat Haidhausen nicht verloren und wird es wohl auch nicht verlieren können, solange die denkmalgeschützten Häuser und die kleinen Gässchen, die Antiquitätengeschäfte, die Galerien, die gemütlichen Kneipen, der Markt auf dem Wiener Platz und im Dezember der ganz andere Christkindlmarkt am Weißenburger Platz, auf dem wertvolles Kunsthandwerk den üblichen Weihnachtskitsch verdrängt hat, seine Atmosphäre bestimmen. Haidhausen ist mit seinem ländlichen und altmodischen Flair ein Solitär unter den vielen schönen, angesagten, bewunderten, begehrten, liebenswerten, aufregenden Vierteln der Stadt, denn es ist in großen Teilen ein veritables altes Dorf mit weitgehend altem Baubestand geblieben. Das Glück hatte um Haidhausen jahrhundertelang einen Bogen gemacht, aber im Zweiten Weltkrieg wollte es wohl etwas wiedergutmachen, denn es bewahrte diesen Stadtteil vor der Zerstörung, sodass er fast unversehrt blieb. Noch immer stammen hier über zwei Drittel der Häuser aus der Zeit vor dem Ersten Weltkrieg. Selbst die alten Straßennamen sind unverändert und erzählen im „Franzosenviertel" von den französischen Städten, um die die bayerischen Truppen im Deutsch-Französischen Krieg 1870/71 siegreich gekämpft haben: Metz, Orléans, Belfort, Weißenburg und natürlich Paris.

Die Geschichte von Haidhausen begann in einer Zeit, als es München noch nicht einmal ansatzweise gab, nämlich im 9. Jahrhundert. Ein kleines unbedeutendes Dorf blieb es lange, bis die Salzstraße von Wien durch Haidhausen geführt wurde. Dort, wo heute in der Inneren Wiener-, Kirchen- und Einsteinstraße das muntere Leben lacht, zuckelten um 1300 immerhin bis zu 80 Fuhrwerke täglich, beladen mit dem Reichtum bringenden Salz. Doch vom Wohlstand, der an anderer Stelle sein Ziel erreichte, konnten die Haidhauser nur träumen. Wegelagerer und Tagelöhner, arme Handwerker und Gelegenheitsarbeiter bevölkerten zunehmend die Gegend vor den Toren der Stadt, in der ihnen der Aufenthalt verwehrt wurde. Arme Knechte wollte man in der aufstrebenden Residenzstadt nun gar nicht sehen und ließ sie in ihrer Not gern dort, wo sie für die guten Bürger unsichtbar blieben. Ach ja – wie wenig hat sich die Moral der Menschen doch in Jahrhunderten geändert! Die Bedürftigkeit der anderen ist am besten dort zu ertragen, wo man sie nicht vor Augen hat. Haidhausen blieb der Ort der Habenichtse und es wäre noch schlechter um die Einwohner bestellt gewesen, wenn sie nicht immerhin eine kostbare Ressource gehabt hätten, die auch die Münchner brauchten: den wertvollen Lehm, aus dem Ziegel gebrannt wurden. So fand das Dorf doch seinen Weg in die mittelalterliche Großstadt: Haidhauser Ziegel stützten Stadtmauer und Dom. Schlimm wurde es im Dreißigjährigen Krieg, als Haidhausen hilflos den Feinden ausgeliefert war. Die Randlage brachte keinen Schutz durch München, das seinerseits nur durch eine Lösegeldzahlung von 300 000 Talern die Plünderung durch die

Truppen des schwedischen Königs Gustav Adolf abwenden konnte. Der kleine Ort der Armen hatte dem Ansturm der Feinde nichts entgegenzusetzen und wurde dem Erdboden gleichgemacht. Erst nach und nach erholte sich das Dorf und wuchs wieder auf eine beträchtliche Einwohnerzahl an. 1854 wurde es von der reichen Residenzstadt des Königreichs eingemeindet. Sollte das Dorf sich aber von der Teilhabe an der großen Stadt Prosperität versprochen haben, so wurde es bitter enttäuscht. Es blieb, was es immer schon war, das „Glasscherben"- und Armeleuteviertel. „Von drei Bettlern in München leben zwei in Haidhausen", hieß es damals im Volksmund.

Das Zeitalter der Industrialisierung tat das seine zur Armut des Viertels hinzu. Fabriken entstanden und bald suchten rund um den Ostbahnhof Billiglohnarbeiter in kleinen Herbergshäusern Unterschlupf. Heute hat in manche der ehemaligen Industriebauten die Kunst Einzug gehalten, zum Beispiel in der Lothringerstraße 13, wo die städtische Galerie „Lothringer 13" in einer früheren Maschinenfabrik zeitgenössische Künstler präsentiert. Die Muffathalle beim Gasteig, am Ende des 19. Jahrhunderts in schönstem Jugendstil als erstes Dampfheizkraftwerk der Stadt erbaut, zieht heute als hippes Kulturzentrum für junge und avantgardistische Musik mit vielfältigen Veranstaltungen, einem Nachtklub sowie Café und Biergarten viele der jüngeren Münchner an.

Von den alten, meist eingeschossigen Herbergshäusern, die einen authentischen Eindruck von dem durch Armut und Ausbeutung geprägten Leben der Menschen damals bieten, sind rund um den Wiener

Platz und in der Preysingstraße einige erhalten geblieben und geben diesem Viertel seinen unverwechselbaren Charakter. Einer der wichtigsten Zeugen dieser Zeit ist das sogenannte Üblackerhäusl in der Preysingstraße 58. 1894 kaufte der Kohlenhändler Johann Üblacker die kleine Herberge. Die

Beschreibung des Hauses lautete: „Wohnhaus mit angebauter Stallung, Abort, Schutzdach, Wagenremise und Hofraum". 1966 erwarb die Stadt München das alte, längst zerfallene Gebäude, um es abzureißen. Doch der Bezirksausschuss war sich bewusst, welches historische Juwel zerstört werden sollte, und wehrte sich erfolgreich. Nach dem Auszug der letzten Bewohner 1974 wurde das Üblackerhäusl in die Denkmalliste aufgenommen, für mehr als eine halbe Million DM ab 1977 saniert und schließlich am 12. Juli 1980 als „Üblacker-Herbergsmuseum" eröffnet. So zauberhaft diese alten Häuser von heute her gesehen auch sein mögen und so gern man sich der Romantik hingibt, wenn man an ihnen vorbeischlendert – sie sind Denkmäler einer Zeit, in der Menschen in Klassen aufgeteilt lebten, und die niedrigsten von ihnen wohnten hier. Bei aller Freude darüber, dass sie erhalten blieben, bei dem wohligen Gefühl, neben der modernen Großstadt hier ein wenig aus der Zeit fallen zu können – man sollte nicht übersehen, dass wir mit verklärtem Blick auf Zeugnisse einer brutalen, menschenverachtenden Epoche schauen.

Haidhausen ist die weitaus längste Zeit seiner Geschichte das verachtete Glasscherbenviertel gewesen und die wenigen letzten Jahrzehnte, in der es sich aufschwingen konnte zu einem beliebten Szeneviertel, sind im Verhältnis dazu so kurz wie ein Wimpernschlag. Mit dieser Geschichte im Bewusstsein können wir uns heute am Wohlergehen von Haidhausen umso mehr freuen.

Info

Kulturzentrum Gasteig
Rosenheimer Straße 5, 81667 München
www.gasteig.de

Lothringer 13
Lothringer Straße 13, 81667 München
Tel. 089 66607333, www.lothringer13.de

Muffathalle
Zellstraße 4, 81667 München
Tel. 089 45875010, www.muffatwerk.de

Üblackerhäusl / Herbergenmuseum des Münchner Stadtmuseums
Preysingstraße 58, 81667 München
Tel. 089 4807679

Mehr als tiefenentspannte Vorort-Atmosphäre

Harlaching

Tierpark Hellabrunn, Sankt-Anna-Kircherl, Gutshof Menterschwaige

Harlaching liegt am äußersten südlichen Zipfel von München. Alles, was noch weiter an die Berge heranreicht, ist entweder Umland oder doch zumindest „München Land", gehört also irgendwie zu München dazu, aber doch auch wieder nicht so ganz. Die hier draußen leben, müssen ertragen, ein wenig von den Stadtmenschen belächelt oder gar bedauert zu werden, denn neben einem Krankenhaus, dem Perlacher Forst und der Säbener Straße, wo der FC Bayern München beheimatet ist, scheint es auf den ersten Blick hier auch tatsächlich kaum Erwähnenswertes zu geben außer Villen, Villen, Villen, so weit das Auge reicht. Viele von ihnen wurden im 18. und 19. Jahrhundert erbaut, die meisten in den letzten Jahrzehnten dem Zeitgeschmack angepasst. Manche dieser herrschaftlichen Anwesen sehen in ihrer Eleganz und Schönheit zum Staunen aus, manche zum Lächeln und eine ganze Reihe einfach nur zum Kopfschütteln. Wer hierherzieht, das ist klar, ist ein Großstadtmensch der besonderen Sorte. Er liebt die Ruhe mehr als die Hektik, Waldspaziergänge mehr als Einkaufsbummel, die Nähe der oberbayerischen Seen mehr als den Englischen Garten und nimmt dafür eine kleine Reise in Kauf, um in der Stadt die Theater und Museen zu besuchen. Doch, man sollte es nicht glauben, Harlaching hat tatsächlich mehr zu bieten als tiefenentspannte Vorort-Atmosphäre.

Vor seinen Toren, eingebettet in die Isarauen, liegt der Tierpark Hellabrunn, der nicht nur wegen seiner Artenvielfalt und seiner wirklich eindrucksvollen Tierbehausungen einen Ausflug wert ist. Wer sich auf Entdeckungsreise bis an die Ränder des weiträumigen Areals begibt, wird hier durch fremde Erdteile, durch Hochgebirge, Wildnis und Savanne geführt und bekommt mit Fantasie und ein wenig Hintergrundwissen einen Eindruck von den Lebensumständen in der Natur. Tiere, denen man sich besser nicht jenseits der Absperrungen nähern sollte, haben hier ein friedliches Auskommen miteinander, andere sind erbitterte Feinde, die voneinander getrennt gehalten werden müssen. In geschützten und ihren Bedürfnissen so gut wie möglich angepassten Gehegen werden sie behütet und bis an ihr natürliches Ende gepflegt. Eine bedeutende Aufgabe dieses Zoos ist es, Tiere, deren Art vor dem Aussterben steht, zu retten, zu züchten und irgendwann wieder in die Wildnis zu entlassen.

So idyllisch das alles wirkt, wir spüren doch, je weiter wir uns auf diese Reise durch die Welt der Wildnis einlassen, dass allen diesen Tieren eines gemeinsam ist: In ihrer natürlichen Umgebung haben sie im Menschen den Feind, den sie fürchten müssen, weil er ihnen mit seinen Waffen und seinem Eigennutz überlegen ist und ihren Lebensraum, ja, ihr

Lebensrecht in weiten Teilen der Welt gefährdet. So stehen wir denn da, schauen sie an, die Könige und die Prinzessinnen der Wildnis, die unscheinbaren, die Respekt einflößenden, die schwachen und starken, die scheuen und die neugierigen Geschöpfe, und fühlen uns ihnen nah, lassen uns von ihnen beeindrucken und glauben tatsächlich, wir könnten sie beobachten, ohne dass sie von uns Notiz nehmen. Ganz andersherum ist es doch. Sind sie es nicht, denen wir Menschen uns zur Schau stellen? Manche haben sich an die jeden Tag wiederkehrenden Besucher gewöhnt, sie strafen sie mit Missachtung und lassen sich schon lange nicht mehr aus der Ruhe bringen. Andere dagegen drehen den Spieß um und schauen interessiert nach den Zweibeinern, die sich jenseits der Absperrungen vor ihren Augen hin und her bewegen, die Lärm machen, Eis essen und sich bei Fütterungen um die Sicht auf den besten Platz streiten. Welche Hektik, welche Unruhe bringen die Menschen doch in die gut geordnete Tierwelt hinein! Ein wenig still könnte man bei dem Blick in dic Augen dieser großartigen Lebewesen schon werden und ein wenig demütig bei dem Gedanken, wer hier wen beobachtet und wer vor wem geschützt werden muss.
Wenn man den Park der Tiere auf sich wirken lässt, taucht man ein in die fremden Lebenswelten von Geschöpfen, deren Würde und Energie wir Menschen nur bestaunen können. Und dann auf einmal plätschert ein kleines Bächlein neben uns, ein alter Holzsteg führt darüber hinweg, die fremden Tiere aus der Ferne, die eben noch so nah waren, sind nur noch zu ahnen und alles ist wieder ganz so wie zu Hause an der Isar. Ja, dieser Tierpark bringt uns weit

von unserem Gewohnten weg, gibt zu denken und zeigt uns doch durch die Einbettung in die naturbelassenen Isarauen, wie eng das Ferne mit unserer vertrauten Umgebung verbunden ist.
Bleiben wir in Harlaching und gehen oberhalb des Tierparks am Beginn des Isarhochufers zum Sankt-Anna-Kircherl. Jedes Mal, wenn ich dort vorbeikomme, gilt mein stummer Gruß dieser kleinen Wallfahrtskirche, die hier schon seit dem 12. Jahrhundert die Stellung hält, und immer lasse ich mich von ihrer Anmut gefangen nehmen. Ihr Alter und ihre versteckte Lage über dem Harlachinger Berg machen ihre Besonderheit aus. Es ist wie so oft: Die stille Schöne ist erst auf den zweiten Blick zu erkennen. Von außen wirkt Sankt Anna wie eine einfache Dorfkirche aus spätromanischer Zeit, doch wer sie betritt, wird von einer ganz unerwarteten Rokokopracht mit herrlichen Deckenmalereien und Altären überrascht. Ein wunderschönes, für viele Münchner völlig unbekanntes Schmuckkästchen ist diese Kirche hoch über der Isar.
Und weiter geht es über die „Hochleite“, den für Spaziergänger und Radfahrer gut ausgebauten Isarhochuferweg, Richtung Süden. Zu Beginn begleiten uns die Stimmen des Tierparks. Das Brüllen der Löwen schallt zu uns herauf und wir lauschen den eigentümlich gierigen Geräuschen der Seelöwen bei ihrer Fütterung. Doch je weiter wir gehen, desto mehr verliert sich die Tierwelt und wir sind im Freizeitleben der Harlachinger angekommen. Im Sommer hören wir die ausgelassene Freude der Grillenden am Isarufer, schauen durch die dicht belaubten Bäume hindurch den Badenden auf die Bäuche und beobachten die Flöße mit ihren Blaskapellen und

bierseligen Gästen. Auf der Großhesseloher Brücke, die von Harlaching auf die andere Seite der Isar nach Solln führt, sollte man stehen bleiben und mit Wilhelm Busch sagen: „Warum soll ich nicht beim Gehen – sprach er – in die Ferne sehen?“ Denn tatsächlich reicht an Föhntagen der Blick von hier aus bis an die Alpen und wir bekommen ein Gespür dafür, längst nicht mehr in der Stadt, sondern schon sehr weit draußen zu sein.

An der Hochleite liegt der Gutshof Menterschwaige, der wie ein kleines verschwiegenes Schlösschen wirkt, das etwas Geheimnisvolles zu erzählen hat. Tatsächlich hat das dreiflügelige Gebäude mit dem idyllischen Innenhof eine Geschichte, die eng mit Bayerns Historie und ihren Erzählungen von Leid und Liebe im Königshaus verbunden ist. Nicht alles ist wissenschaftlich gesichert, doch dem Nimbus der Menterschwaige und ihrer Atmosphäre tut das keinen Abbruch. Der Gutshof, der wie viele andere in dieser Gegend im Mittelalter gebaut wurde und seinen Namen dem altdeutschen Wort „Schwaige“ für Sennhof verdankt, wurde zum ersten Mal 1012 urkundlich erwähnt, brannte über 600 Jahre später im Dreißigjährigen Krieg ab, wurde danach wieder aufgebaut und musste fortan zur Versorgung des Königshauses herhalten, weshalb er mit einem prächtigen Marstall ausgestattet und schließlich 1803 um eine Gastwirtschaft erweitert wurde, die bald darauf der Besitzer der Münchner Brauerei Menter übernahm. Seinen legendären Ruf erhielt er durch eine romantische Liebesgeschichte, die man glauben kann oder auch nicht. Mich jedenfalls hat sie immer sehr berührt. Obwohl sie zu den vielen ungesicherten Gerüchten um die Wittelsbacher gehört, hat sie doch die Menterschwaige so geprägt, dass sie erzählt werden muss, will man das Besondere dieses Kleinods verstehen. Seit Anfang des 19. Jahrhunderts, als aus dem Gutshof eine Gastwirtschaft wurde, erfreute sich die Menterschwaige großer Beliebtheit in der Münchner Gesellschaft,

sowohl beim Adel als auch beim Bürgertum. Maler und Bildhauer veranstalteten hier Feste, und wer sich mit seiner Liebsten einmal allein treffen wollte, wählte gern diese schönen Räume für ungestörte Stunden. Und so geht die Mär, dass auch Lola Montez, die irische Tänzerin und Geliebte König Ludwigs I. von Bayern, der sie 1847 zur Gräfin Marie von Landsfeld erhob, hier versteckt wurde, wo sie sich heimlich mit dem König treffen konnte. Ein kleines Nebenhäuschen, in dem Lola Montez eine Weile gelebt haben soll, hat ihren Namen erhalten. Mag sie wahr sein oder nicht – zu der ein wenig märchenhaften Atmosphäre dieses Ortes passt die Geschichte in jedem Fall.
Heute ist der Gutshof Menterschwaige ein beliebtes Restaurant, das im Sommer durch einen der schönsten Biergärten Münchens unter alten großen Bäumen ergänzt wird (Foto). Wer also eine Wanderung

oder eine Radltour am Isarhochufer hinter sich hat und sich mit einem guten Durst und entsprechender Lust auf Deftiges zur Stärkung auf den Bierbänken niederlässt, wird hier das München finden, wie ich es am liebsten mag: lebenslustig, geschichtsträchtig und dabei immer ganz und gar erdgebunden. Für die Besucher, die es königlicher mögen, sei ein Blick ins Restaurant, auf die Terrasse, den romantischen Innenhof und vor allem in den König-Ludwig-Saal in der ersten Etage empfohlen. Man braucht nicht allzu viel Fantasie, um sich vorzustellen, dass hier nicht nur heute Feste gefeiert werden, sondern dass diese Räume auch vor 200 Jahren bei Kerzenschein ein passendes Ambiente für all jene boten, die es sich abseits vom Hof und den großen Bürgerhäusern einmal richtig gut gehen lassen wollten.

Info

Tierpark Hellabrunn
Tierparkstraße 30, 81543 München
Tel. 089 625080, www.hellabrunn.de

Sankt-Anna-Kircherl
Harlachinger Berg 30, 81545 München

Gutshof Menterschwaige
Menterschwaigstraße 4, 81545 München
Tel. 089 640732, www.menterschwaige.de

Anfahrt: U3 Thalkirchen (Tierpark),
Tram 15 und 25, Haltestellen Tiroler Platz oder Menterschwaige

Kein Ort wie jeder andere
Grünwald
Burg Grünwald,
Bavaria Filmstadt, Thomaskirche,
Walderlebniszentrum Sauschütt,
Forsthaus Wörnbrunn

Nein, es ist ganz und gar nicht so, wie manche denken: Nicht die Filmstars und Fußballer haben Grünwald erschaffen, auch die vielen Zugereisten und Neu-Adligen aus dem Norden nicht. Das ist ein Gerücht und sonst nichts! In Wirklichkeit – und Ausgrabungen beweisen das – lebten hier schon Menschen in ihren frühen Kulturen zur Bronzezeit um 2000 v. Chr. an der damals reißenden wilden Isar. Es müssen schon richtige Kerle gewesen sein, die dort siedelten, wo sich die wilden Tiere Gute Nacht sagten und tagsüber auf Beute aus waren. So romantisch wir die Grünwalder Umgebung heute auch empfinden, damals lud sie sicher nicht gerade zum Verweilen ein. Dennoch haben Kelten und Germanen ihre Zeugnisse hinterlassen und die Römer bauten hier ihre Straße von Salzburg zur Isar. Einen richtigen, wenn auch erst einmal nur vorläufigen Namen bekamen die wenigen Höfe im Mittelalter. Derbolfingen hieß die Ansiedlung und erst im 13. Jahrhundert wurde daraus Grünwald. Der Grund der Namensgebung ist auch heute noch zu besichtigen: Die Burg Grünwald thront mit ihren Zinnen hoch über dem Isartal. Herzog Ludwig II., der Strenge (auf gar keinen Fall zu verwechseln mit König Ludwig II., dessen Leben und Sterben uns an anderer Stelle begegnen wird) hat sie erbaut und sein Sohn, der spätere Kaiser Ludwig der Bayer,

nutzte sie wie seine zahlreichen Verwandten als Jagdschloss. Im Lauf der Geschichte erging es der ehemals stolzen Burg wie so vielen ihrer Leidensgenossinnen. Sie versank irgendwann in Bedeutungslosigkeit und der Ort Grünwald gleich mit. 1879 ersteigerte der Bildhauer Paul Zeiller das gesamte Anwesen für eine Summe von 10 600 Mark, rettete es so vor der vollständigen Verwahrlosung und baute das ehemalige Jägerhaus zur Gaststätte und später zum Hotel, dem heutigen Schlosshotel, um. Während des Zweiten Weltkriegs, so heißt es, diente das Schlosshotel dem bayerischen Original Karl Valentin eine Weile als Zufluchtsort. Er bedankte sich auf seine sehr spezielle Art, indem er die Burg mit seinem Lied auf die „Grünwalder Rittersleut“ in ganz Deutschland berühmt machte.

Heute ist die Burg Grünwald ein Ausflugsziel für die Stadtmenschen und das Wahrzeichen der kleinen

Gemeinde südlich von München, die sich viel darauf zugute hält, selbstständig und nicht etwa ein Vorort der Großstadt zu sein.
Ich bin Grünwalderin – nein, im strengen Sinn bin ich natürlich Hamburgerin und werde es auch mit Leib und Seele bleiben, aber dennoch bin ich auch Grünwalderin, so wie viele Menschen, die seit Jahrzehnten in diesem Ort leben, das Recht beanspruchen, sich als Grünwalder zu bezeichnen. Man ist hier nicht so wählerisch mit der Zuordnung von Heimat, denn Grünwald zeichnet sich dadurch aus, dass es nicht sehr viele Menschen gibt, die tatsächlich hier geboren wurden. Wenn man jemandem im mittleren oder höheren Alter begegnet, der hier schon in die Grundschule ging – ein Gymnasium gibt es erst seit wenigen Jahren – oder gar hier geboren wurde, was eine Seltenheit ist, dann wird er ausgefragt nach der Zeit, bevor alles so wurde, wie es jetzt ist. Damals, heißt es dann, gab es noch keine „Schlosspassage“ mit Läden, damals wurde in kleinen Baracken das Nötigste verkauft. Damals hielt im Ort zwar schon die Trambahn-Linie 25, aber sie fuhr selten und brauchte eine halbe Ewigkeit zur Stadtmitte. Aber damals gab es für jedes Auto unendlich viele Parkplätze, alles ging entspannt und in vollkommener Gelassenheit zu. Damals – ach ja, das war die Zeit, als einmal in der Woche auf einem Markt frische Fische verkauft wurden und als Senta Berger hierherzog und O. W. Fischer zwischen zwei Drehs im Dorf spazieren ging. Damals, das war in den goldenen Grünwalder Jahren zwischen 1950 und 1970. Die Bavaria-Filmateliers boomten, viele Filmstars und all die anderen vor und hinter der Kamera mit der Herstellung von Filmen beschäftig-

ten Menschen zogen nach und nach in die Nähe ihres Arbeitsplatzes. Noch war Grünwald ein Dorf, das durch einzelne großzügige Villen ein wenig eleganter wurde. Doch was als günstiger Immobilien-Geheimtipp begann, entwickelte sich seit den 1980er-Jahren zu einer der schönsten, aber auch teuersten Gemeinden Deutschlands. Die letzten alten Häuschen am Waldrand mussten weichen, ihre großen Gärten sind unfassbar wertvolles Bauland geworden und werden entsprechend raumsparend aufgeteilt.

Trotz dieser Entwicklung hat Grünwald bisher den Spagat geschafft, neben den Luxusvillen doch lebenswerten Raum für die vielen Grünwalder zu lassen, die sich nicht vor neugierigen Blicken durch hohe Hecken abschotten wollen, sondern einfach nur froh sind, in dieser schönen Umgebung ganz normal leben zu können. Grünwald tut viel für seine Einwohner, was die Pflege der öffentlichen Einrichtungen angeht, und es bietet ein erstaunlich vielfältiges kulturelles Programm auf hohem Niveau. In dem nach dem ehemaligen Bayerischen Staatsintendanten Professor August Everding, einem langjährigen Wahl-Grünwalder, benannten Konzertsaal gastieren mehrmals im Jahr international bekannte Musiker. Das Programm der Kammermusikreihe „Grünwalder Konzerte“ im August Everding Saal kann sich durchaus mit Konzerten im nahen München messen lassen.

Grünwald ist sicher kein Ort wie jeder andere, denn er hat neben seinen vielen Angeboten vor allem etwas, das ihn mir besonders liebenswert macht: Hier ist fast jeder irgendwann einmal fremd gewesen, sodass Fremdheit sich schnell in Vertrautheit wandelt. Einerseits ist Grünwald wie ein kleines Dorf, in dem viele Menschen sich kennen, es hat aber auch eine Großzügigkeit, die jeden mit seinen Bedürfnissen selig werden lässt. Der Grund, warum ich hier gern lebe, ist die Atmosphäre der Liberalität, Toleranz und Kultur. Grünwald ist in vieler Hinsicht ein Ort der guten Nachbarschaft.

Ob man das alles als Besucher spüren kann, wenn man nur ein paar Stunden herumbummelt, vielleicht eine der Touren durch die Bavaria Filmstadt mitmacht und dabei durch Kulissen von Filmklassikern wie „Das Boot“ und „Die unendliche Geschichte“ wandert, im Gasthaus Alter Wirt, das von der alteingesessenen Familie Portenlänger geleitet wird, oder in einem der vielen anderen guten Restaurants einkehrt, weiß ich nicht. Aber um das ernsthafte Gesicht Grünwalds jenseits seiner Luxusfassade zu erleben, sollte man jedenfalls an drei Orten nicht vorbeigehen.

Ein wenig außerhalb des Ortskerns liegt die evangelische Thomaskirche. Die interessanten Veranstaltungen des Freundeskreises der Evangelischen Akademie Tutzing finden regelmäßig im evangelischen Gemeindesaal, der ein ganzes Stück von der Kirche entfernt im Ortskern liegt, ein aufgeschlossenes Publikum, das oft im Anschluss an die Vorträge noch im regen Austausch beisammen bleibt. Die Kirche selbst zeichnet sich durch ein großes Altarfresko aus, das die Bergpredigt zum Inhalt hat. Es wurde 1935 von dem Maler Professor Reinhold Eichler geschaffen und ist eine besondere Kostbarkeit, sowohl was seinen künstlerischen Wert angeht, als auch wegen der inspirierenden Intensität, die es der Kirche verleiht. Wer das Bild und seine Entstehungsgeschichte zusammenbringt, der weiß, wie hoch das Risiko war, das die evangelische Gemeinde, ihr damaliger Pfarrer und der Künstler eingingen, als sie sich entschlossen, in dieser dunklen Zeit ein solches Fresko ihrer Kirche angedeihen zu lassen. Schon die Botschaft der Bergpredigt „Selig sind die Friedfertigen ...“ stand in gefährlichem Widerspruch zu der damals herrschenden Ideologie. Und wenn man genauer hinschaut, erkennt man, wer sich da alles um den predigenden Jesus schart: Menschen aller Hautfarben und ohne Ansehen von Gesundheit und Wohlstand hören ihm gebannt zu. „Arier“ und strahlende Sieger wird man auf dieser großen lebendigen Wandmalerei vergebens suchen.

Auch ein kleiner Gedenkstein neben dem Rathaus erinnert an die Jahre des Hitler-Regimes. Er ist dem Arzt Dr. Thomas Max gewidmet, der als Mitglied der „Freiheitsaktion Bayern“, jenes fast vergessenen Widerstands gegen die Nazis, nach dem der Schwabinger Platz Münchner Freiheit benannt ist, noch am 28. April 1945 ermordet wurde. Eine der großen Straßen Grünwalds trägt seinen Namen.

Am südöstlichen Ausgang des Orts, dort wo der Weg in die oberbayerische Berg- und Seenwelt beginnt, bringt das Walderlebniszentrum Sauschütt den Besuchern die heimatliche Natur nahe. Nicht weit davon entfernt, gegenüber dem Waldfriedhof, steht ein Mahnmal, das es ähnlich auch in einigen anderen Gemeinden Bayerns gibt. Erinnert wird an den Todesmarsch der KZ-Häftlinge aus Dachau, der hier vorüberführte.

Grünwald ist tatsächlich weit mehr als ein oberflächlich harmloser Promi-Vorort. Die Gemeinde lebt sehr intensiv und bewusst mit ihrer Geschichte

und geht sorgfältig mit ihrer Entwicklung in Gegenwart und Zukunft um.
Einen waschechten Biergarten mit langen Tischen und Bänken und Selbstbedienung hat Grünwald nicht zu bieten, wohl weil die große Biergärten-Konkurrenz in der Nähe für den Bedarf der Grünwalder

ausreicht. Aber dafür gibt es am Ortsrand auf einer Waldlichtung des Perlacher Forsts, umgeben von angenehmen Spazierwegen, einen Gasthof, der im Sommer mit seiner großen Terrasse die ungezwungene Stimmung eines Biergartens vermittelt und im Winter Nestwärme und Gemütlichkeit schenkt. Das Forsthaus Wörnbrunn (Foto) ist nicht so richtig in eine Kategorie einzuordnen. Jeder findet hier, was er möchte, und das kann sehr unterschiedlich sein. Für die einen ist das Forsthaus eine zünftige Gastwirtschaft, in der man sich mit der ganzen Familie nach einer Wanderung stärken kann, für den anderen ein feines bayerisches Restaurant und ein Ort, an dem sich gut feiern lässt. Daneben bietet es für die Hotelgäste, die etwas Besonderes bevorzugen, in der ersten Etage elegante und außergewöhnliche Zimmer. Wer will, kann hier seiner Fantasie und seinem Sinn für Humor freien Lauf lassen, denn der gewogene Gast ist aufgefordert zu wählen zwischen dem „Himmel der Bayern", dem „Brandner Kasper", dem „Wolpertinger Zimmer", dem „FC Bayern Zimmer" und selbstverständlich der „Hochzeitssuite", um nur einige der erstaunlichen Zimmernamen zu nennen. Eine „Besenkammer" gibt es übrigens auch. Doch nicht erst seit einigen Jahren zieht das Gasthaus neben den Grünwalder Familien und den Münchner Ausflüglern auch Menschen an, die ein wenig anders ins Leben schauen, übrig gebliebene Romantiker, die vor dem Abendessen die Sterne über dem dunklen Wald betrachten und gern noch mit dem Damwild im Gehege gegenüber dem Eingang ein Schwätzchen halten. Aber Grünwald wäre nicht Grünwald, wenn unter den Gästen nicht auch einige von denen wären, die man zu kennen glaubt, obwohl sie eigentlich nur regelmäßig auf dem Fernsehschirm erscheinen oder in bunten Blättern zu bewundern sind. Doch niemand nimmt hier besondere Notiz von ihnen. Ich habe in all den Jahren, in denen ich in Wörnbrunn zu Gast war, nie erlebt, dass jemand um Autogramme gebeten worden wäre oder gar ein Selfie mit ihm zusammen gemacht wurde. Wörnbrunn ist viel zu uneitel, um Prominenten eine Bühne zur Selbstdarstellung oder aufgeregten Fans Möglichkeiten zum Stalking zu bieten. Hier darf jeder Gast sicher sein, dass seine Privatsphäre respektiert wird. Die lange Geschichte, die das Forsthaus erlebt hat, ist spürbar und trägt zu seiner gelassenen Ruhe bei. Immerhin wurde Wörnbrunn zum ersten Mal im 12. Jahrhundert urkundlich erwähnt und hat seitdem eine so abwechslungsreiche Geschichte hinter sich, dass es zu weit führen würde, sie nachzuerzählen. Als Forsthaus und Gastwirtschaft, in der den Jägern, unter ihnen auch immer mal wieder ein bayerischer König, Bier ausgeschenkt und eine gute Brotzeit serviert wurde, hat es sich durch die Jahrhunderte einen Namen gemacht. Es ist ein Ort, an dem Tradition und Modernität sich treffen, der alle Generationen einlädt und dessen Atmosphäre ganz von selbst ein respektvolles Verhalten bewirkt. Wohl in keinem anderen Restaurant habe ich so oft gegessen, so oft gefeiert, war so oft glücklich, erschöpft, erleichtert, traurig oder voller Hoffnung wie in diesem Gasthaus. Aber so geht es vielen. Jeder, der hier regelmäßig einkehrt, fühlt sich dem Haus eng verbunden. Die Stammgäste grüßen sich gegenseitig und nehmen Anteil, wenn Schicksalsschläge den einen oder anderen treffen. Die gemeinsame Trauer war groß, als der so beliebte Schauspieler Joachim „Blacky" Fuchsberger und nicht lange danach auch „unser" Max Greger starb. Beide waren über viele Jahre regelmäßige Gäste von Wörnbrunn und fast so etwas wie Familienmitglieder geworden.

Mit den Jahreszeiten verwandelt sich das Forsthaus. Der lebenslustige Ausflüglertreffpunkt des Frühlings und Sommers sieht im Herbst unter den fallenden Blättern wie ein in rotbraunen Tönen gehaltenes Gemälde aus, sanft und ruhig, und wirkt im Winter wie eine warme, schützende Zufluchtsstätte, draußen dick umhüllt von Schneebergen, drinnen wohlig warm und gemütlich. Wenn die Weihnachtsbeleuchtung das Haus in Märchenglanz taucht, geht das Jahr zu Ende und es wird ruhiger und leiser. Dann zeigt das Forsthaus Wörnbrunn wirklich alle Attribute eines echten Idylls.

Info

Burgmuseum Grünwald
Zeillerstraße 3, 82031 Grünwald
Tel. 089 6413218, www.archaeologie-bayern.de/de/zweigmuseen/gruenwald/

Bavaria Filmstadt
Bavariafilmplatz 7, 82031 Grünwald
Tel. 089 64992000, www.filmstadt.de

Gasthaus Alter Wirt
Marktplatz 1, 82031 Grünwald
Tel. 089 6419340, www.alterwirt.de

Thomaskirche
Wörnbrunner Straße 1, 82031 Grünwald
Tel. 089 6412528,
www.thomaskirche-gruenwald.de

Walderlebniszentrum
Sauschütt Geräumt, 82031 Grünwalder Forst
Tel. 089 6492099, www.alf-eb.bayern.de/forstwirtschaft/wald/072604/

Forsthaus Wörnbrunn
Wörnbrunn 1, 82031 Grünwald
Tel. 089 71677390, www.forsthaus-woernbrunn.de

Anfahrt: Tram 25 Grünwald (mehrere Haltestellen), Forsthaus Wörnbrunn via S3 Furth, dann ca. 40 Min. Fußweg

Teil des Münchner Lebensgefühls

Rund um den Starnberger See

Starnberg, Feldafing, Tutzing, Bernried, Berg

Das Fünf-Seen-Land, also die Gegend zwischen Ammer- und Starnberger See mit Pilsen-, Wörth- und Weßlinger See, gehört zum Münchner Lebensgefühl. Die Berge sind hier schon ganz nah, bei Föhn scheinen sie mit den Händen zu greifen. Sie sind wichtig, denn sie geben den Münchnern den Horizont und dem Land die Begrenzung, vor der sich die Weite des Voralpenlands in ihrer ganzen Schönheit ausbreitet. Stadt und Land, urbane Kultur und bodenständige, bäuerliche Traditionen gehören zusammen und inspirieren sich gegenseitig. Mit München im Rücken und den Alpen vor Augen wirkt der Text der bayerischen Hymne, über den man vielleicht oft geschmunzelt hat, gar nicht mehr naiv und kitschig, hier in der Bearbeitung von Joseph Maria Lutz:

Gott mir dir, du Land der Bayern,
Heimaterde, Vaterland!
Über deinen weiten Gauen
walte Seine Segenshand!

|: Er behüte deine Fluren,
schirme deiner Städte Bau
und erhalte dir die Farben
deines Himmels, weiß und blau! :|

Die Zufälle des Lebens haben mich seit vielen Jahren immer wieder nach Starnberg, dem größten und buntesten Ort dieser Gegend, gebracht, als wollte mich diese kleine Stadt neben der Großen nicht loslassen. Schon vor zwei Jahrzehnten war Starnberg als Wohnort für viele Münchner attraktiv, aber es ging noch ein wenig beschaulicher zu als heute. Das Bummeln nach Feierabend durch die gemütlichen bayerischen Lokale machte Spaß, denn überfüllte Kneipen waren die Ausnahme. Heute platzt München aus allen Nähten und so ist der Trend, ins Umland zu ziehen, nicht zuletzt an den Starnberger See, zu einem Boom geworden. Mit den eleganten Neubürgern sind die feinen Geschäfte und Restaurants gekommen und kleine Läden haben sich in coole Boutiquen verwandelt. Selbst das traditionsreiche Undosa-Bad, in dessen Restaurant die Einheimischen ihre großen Feste feierten, ist zu einem trendigen Event-Lokal mutiert. Schade nur, dass die Seepromenade mit den Anlegestellen der Ausflugsschiffe noch immer so kurz ist, dass sie nur als Flaniermeile taugt. Starnberg liegt zwar an dem See, der irgendwie das Eigentum der Kreisstadt zu sein scheint, doch wer an seinem Ufer einen langen Spaziergang machen will, muss in die Umgebung fahren.
Starnberg ist von Menschen bevölkert, die hier ihren Geschäften und ihrer Freizeit nachgehen, und es hat ja auch eine ganze Menge zu bieten. Wer hier wohnt, braucht nur ausnahmsweise in die „Stadt" zu fah-

ren, vielleicht um ins Theater, in Konzerte, Opern oder Museen zu gehen. Der Rest ist vor Ort oder ganz in der Nähe zu bekommen. In der modernen Schlossberghalle wird alles gezeigt, was sich zwischen Unterhaltung und Bildung, zwischen Kunst und Kommerz ansiedeln lässt.

Ein paar Kilometer weiter auf der Westseite des Sees gibt es den gediegenen Golfclub Feldafing. In diesem kleinen Ort verbrachte „Sisi", die Kaiserin von Österreich (1837–1898) viele Sommermonate, denn ganz in der Nähe, in Possenhofen, liegt das Schloss ihrer Eltern. Leider ließen es sowohl die Wittelsbacher als auch das Land Bayern eher lieblos links liegen, nachdem es als Adelssitz ausgedient hatte, bis es schließlich so verwahrlost war, dass man den Abriss ins Auge fasste. Zum Glück blieb es erhalten und wird wieder bewohnt, allerdings als elegante Eigentumswohnanlage. Das Schloss ist heute kein Ort mehr, den man unbedingt besuchen muss, es sei denn, man möchte sich an einem Spazierweg am See erfreuen und von dort auf die Roseninsel schauen, wo Sisi und ihr Cousin König Ludwig II. sich in romantischer Umgebung trafen. Immerhin erinnert ein kleines Museum im historischen Bahnhof an Sisi, die gern im heutigen „Golfhotel Kaiserin Elisabeth" in Feldafing abstieg.

Während in Feldafings gründerzeitlicher Villenkolonie am Höhenberg das internationale Künstlerhaus der Stadt München residiert, werden ein wenig südlicher im Schloss von Tutzing intellektuelle und musikalische Interessen von den Veranstaltungen der in ganz Deutschland und darüber hinaus berühmten Evangelischen Akademie Tutzing auf hohem Niveau bedient. Der Rundweg um die 728 Meter hohe Tutzinger Ilkahöhe mit gleichnamigem Restaurant und atemberaubendem Blick auf die Alpenkette (Foto) führt durch eine bayerische Bilderbuchlandschaft. Gleich nebenan in Bernried lädt das „Museum der Phantasie“, gegründet von Lothar-Günther Buchheim, dem Autor des 1981 von der Bavaria verfilmten Romans „Das Boot“, zu Aus-

stellungen der Kunst der Moderne und der Gegenwart ein.
Wer Erholung sucht, der sollte von Starnberg aus am Ostufer entlangfahren und zum See abbiegen, wo der Wegweiser nach Berg zu sehen ist. Man braucht im Sommer nur auf der Terrasse des Schlosshotels Berg direkt am See einen Kaffee zu bestellen und den Segelschiffen nachzuschauen oder im Winter im Restaurant hinter großen Fensterscheiben mit Blick auf die Eisschollen vielleicht auch eines der hervorragenden Gerichte von der Speisekarte auszuwählen, danach einen Spaziergang Richtung Norden am See entlang zu unternehmen, und man fühlt sich in einer ganz und gar anderen Welt. Bevor man den sandigen Wanderweg erreicht, der am Seeufer nach Starnberg führt, geht man auf einer geteerten, aber selten befahrenen Straße vorbei an Villen mit riesigen Gärten und privaten Badestellen,

die in ihrer architektonischen Großzügigkeit wie wahr gewordene Träume wirken.
Wir befinden uns auf königlichen Wegen, zumal wenn wir vom Schlosshotel in die andere Richtung gehen, nach Süden. Wenige Hundert Meter vom Hotel entfernt führt der Weg an einer dicken Mauer vorbei zu einem verwunschen wirkenden Parkeingang. Auf schmalen und ungesicherten Wegen zu erreichen, liegt hier Schloss Berg, in dem Ludwig II. seine letzte Lebenszeit verbrachte. In den ersten Jahren seiner Regentschaft war der 1845 geborene „Kini" oft zu seiner Sommerresidenz gefahren und hatte sogar eine Telegrafenleitung von München hier heraus legen lassen. Doch so ganz nach seinem Stil wird dieses für königliche Ansprüche recht bescheidene Schloss wohl schon damals nicht gewesen sein. Ludwig dachte groß und er wollte groß und poetisch leben. So entstanden bald die vielen Traumschlösser und Schlossprojekte, die seine Zeit und seine Energie in Anspruch nahmen, vom Geld einmal ganz abgesehen. Sein Leben in einer künstlichen Fantasiewelt isolierte ihn von den Menschen und machte ihn zu einem Fremden im eigenen Land, zu einem Sonderling, dessen Bezüge zur Realität hinter seinen Traumvorstellungen verschwanden. Bekanntermaßen wurde er zwar nicht seinem Volk, das ihn liebte und verehrte, dafür aber seinen adligen Verwandten und den maßgebenden Politikern des Königreichs von Jahr zu Jahr unbegreiflicher, um nicht zu sagen, unheimlicher. Wenn Nichtverstehen sich mit Profilsucht, Neid und Ängsten paart, nehmen die Dinge meist keinen guten Ausgang, so auch hier. Durch nervenärztliche Ferndiagnose wurde Ludwig für unzurechnungsfähig erklärt und im Schloss Berg ge-

fangen gehalten, bis er schließlich am 13. Juni 1886 unter nicht geklärten Umständen zusammen mit seinem Arzt Dr. Gudden unterhalb des Schlosses, nicht weit vom Ufer entfernt, im See ertrank.
Mit dieser Geschichte im Bewusstsein wirkt der Schlosspark anders als andere. Er ist wild, ungebärdig, als wolle er sich allzu großer Schönheit entziehen und den Blick auf die menschliche Tragödie lenken, deren Zeuge er wurde. Auch das Schloss, das man leider nicht besichtigen kann, hat so gar nichts zu tun mit dem Prunk und dem Glanz, der Ludwigs Leben erfüllte. Er wollte sein wie ein Sonnenkönig, wollte die Kunst, vor allem die Musik von Richard Wagner, zum Zentrum seines Schaffens machen und baute und baute, nur um der Schönheit, wie er sie verstand, zu dienen. Schloss Berg dagegen wirkt düster, karg und abweisend. Es konnte kein Zuhause, noch nicht einmal ein goldener Käfig, es konnte nur ein Gefängnis für diesen König sein. Im Frühsommer 1886 wurde er daraus befreit, wie genau, werden wir wohl nie erfahren. Der Weg zum hölzernen Kreuz im See, das den Ort bezeichnet, an dem er gefunden wurde, führt an der zehn Jahre nach seinem Tod errichteten Votivkapelle vorbei.
Dort stehe ich, blicke auf das sich sanft kräuselnde Wasser, das hier so flach ist, dass man sich ein Ertrinken einfach nicht vorstellen kann, schaue auf die andere Seeseite zum Schloss Possenhofen hinüber, wo Sisi ihre Kindheit verbrachte, und hoffe insgeheim, dass sein verwirrter Geist in der letzten Minute erfüllt war von seinem lebenslangen Traum von Schönheit, vielleicht auch von Wagners „Siegfried-Idyll“. Es wäre trostreich, doch was wissen wir schon?

Info

Kaiserin Elisabeth Museum Possenhofen e.V.
(im historischen Bahnhof)
Schlossberg 2, 82343 Pöcking
www.kaiserin-elisabeth-museum-ev.de

Golfhotel Kaiserin Elisabeth
Tutzinger Straße 2–6, 82340 Feldafing
Tel. 08157 93090, www.kaiserin-elisabeth.de

Roseninsel im Feldafinger Landschaftspark
Fähre Mai–Okt., www.faehre-roseninsel.de

Internationales Künstlerhaus Villa Waldberta
Höhenbergstraße 25, 82340 Feldafing
Tel. 08157 9258280, www.villa-waldberta.de

Evangelische Akademie Tutzing
Schlossstraße 2+4, 82327 Tutzing
Tel. 08158 2510, www.ev-akademie-tutzing.de

Forsthaus Ilkahöhe
Oberzeismering 2, 82327 Tutzing
Tel. 08158 8242, www.restaurant-ilkahoehe.de

Museum der Phantasie
Am Hirschgarten 1, 82347 Bernried
Tel. 08158 99700, www.buchheimmuseum.de

Anfahrt: S6 nach Starnberg, Possenhofen, Feldafing und Tutzing; Regionalbahn nach Bernried; Bus 975 von Starnberg nach Berg

Der Heilige Berg
Kloster Andechs

Es liegt ein Geheimnis um den ersten Augenblick. Tagaus, tagein begegnen wir Menschen, Tieren, Büchern, Orten. Wir sehen Bilder, Filme, hören Musik und alles geschieht irgendwann zum ersten Mal. Meistens vergessen wir diesen Moment, weil er nichts Wesentliches hinterlässt. Doch wenige Augenblicke des Erkennens ragen aus der Masse des Erlebten heraus. Meist spüren wir in diesen ersten Sekunden nur unscharf, dass sich etwas Bleibendes in unsere Gedanken- und Gefühlswelt hineinprägt. Es hat sich etwas verändert, wir wissen nur noch nicht, was es ist und wohin es führt.

Der erste Blick auf den „Heiligen Berg" am östlichen Ufer des Ammersees, auf dem das Kloster Andechs liegt – nach Jahrzehnten noch kann ich ihn erinnern, als wäre er gestern passiert. Mein Freund wohnte in Gauting bei München und zeigte mir seine Heimat, so, wie er sie liebte. Dazu gehörte Andechs. Er hatte schon so oft davon erzählt, dass ich glaubte, mehr als ausreichend auf das Außergewöhnliche dieses Ortes vorbereitet zu sein, als wir an einem Mittag im

Dezember durch die schmalen, kurvigen Straßen zum ersten Mal dorthin fuhren. Eine Weile ging es durch kleine Dörfer und dunkle Waldstrecken, bis sich vor uns die Landschaft lichtete. „Noch eine Kurve, dann schau nach rechts – der erste Blick auf Andechs ist der Schönste“, sagte er. Und so war es !

Er hielt sein Auto an, wir stiegen aus und vor uns lag auf einer welligen grünen Ebene der „Heilige Berg“, eigentlich ein kleiner Hügel in der Ebene, der seine Bedeutung einzig und allein durch die Zwiebelturmspitze der Kirche und die sich hinter den Bäumen duckenden Klostergebäude erhält (Foto). Wir fuhren weiter, parkten in dem nahen Dorf, stiegen über einen schmalen Weg bis zum Eingang des Klostergeländes hinauf und betraten schließlich den Klostergasthof. Ich kann mich noch an die Figur des „Heiligen“ erinnern, ich glaube es war ein hölzerner Mönch, der in einer Ecke des vorderen Gastraums an der Wand hing und einen irgendwie segnenden Eindruck hinterließ. Er ist schon lange nicht mehr an seinem Platz, aber bei jedem Eintreten werfe ich noch immer einen suchenden Blick in die Ecke. Wir gingen auf die Terrasse, die im Sommer voller Tische, Bänke und Stühle ist, damals im Winter aber natürlich leer war, und vor uns lag die ganze Welt! Nur die Alpen im Süden begrenzten den Horizont und ihre schneebedeckten Gipfel leuchteten in der Mittagssonne so strahlend, dass ich den Eindruck hatte, von hier aus bis ins Paradies sehen zu können. Wie schön war dieses Bayern doch, gesehen von diesem magischen Ort aus!

Viele Jahre ist das nun schon her, aber Kloster Andechs hat seinen Platz in meinem Herzen nie wieder verloren, sodass ich bis heute mehrmals im Jahr zur Andechs-„Pilgerin“ werde. Dabei darf ich mich von uralter Tradition bestärkt fühlen. Vor mehr als tausend Jahren brachte Graf Rasso, der Begründer des Klosters Grafrath am Ammersee, von einer Reise ins Heilige Land Reliquien mit. Wahrscheinlich hatte er Angst, dieser Schatz könnte in seinem Kloster abhanden kommen, jedenfalls verwahrte er ihn auf dem Hügel und schon bald wurde daraus der „Heilige Berg“, Ziel von Pilgern und erster Wallfahrtsort Bayerns. Im Jahr 1455 wurde dann auf Geheiß Herzog Albrechts III. von Bayern das Benediktinerkloster Andechs gegründet, das heute als Wirtschaftsgut zu der Abtei St. Bonifaz in München gehört. Ein Blitz traf 1669 die Turmspitze der damals noch gotischen Kirche, die daraufhin abbrannte, aber als Barockkirche in prächtiger Schönheit wieder aufgebaut wurde. Zur 300-Jahrfeier im 18. Jahrhundert ließ man dann das Innere der Kirche in den damals modernen Rokokoformen neu gestalten.

Im Sommer und an Feiertagen wandern Touristen aus aller Welt scharenweise auf den kleinen Berg hinauf, schauen in den Klosterladen hinein und landen oft im Bräustüberl oder davor auf den Bänken des kleinen Biergartens, wo sie auf die Einwohner der näheren und weiteren bayerischen Umgebung treffen. Hier ist es noch üblich, dass jeder seine Brotzeit von zu Hause mitbringt und dazu eine Maß Bier am Tresen abholt. Selbstverständlich mischen sich Große und Kleine, Alte und Junge, Arme und Reiche, Gesunde und Kranke, Bayern, Holsteiner, Österreicher und Menschen vom anderen Ende der Welt miteinander, verstehen sich jenseits der Sprachgrenzen, als wäre hier an jedem Tag ein wenig Pfingsten. Wer den „Heiligen Berg“ besucht, sollte vor den leiblichen Genüssen wenn möglich einen Besuch in der bilderbuchschönen Rokokokirche einplanen, die zu den besonderen Schätzen dieses Landes gehört. Carl Orff fühlte sich ihr so sehr verbunden, dass er darum bat, hier seine letzte Ruhestätte zu erhalten. Aus Hochachtung und Dankbarkeit für sein Schaffen wurde ihm dieser Wunsch erfüllt. Seit dem 3. April 1982 liegt seine Asche in der „Schmerzhaften Kapelle“ im nördlichen Seitenschiff unter einer Platte mit seinem Namen und einem Kreuz. Die Inschrift auf der Wandtafel über dem Grab lautet „Summus finis“ (das höchste Ziel). Wie könnte man nicht hier an Orffs Andechs-Verse aus der „Bernauerin“ denken und seine Musik in sich klingen lassen: „Und immer die Glockn! / Und über uns weit / Steht blauen der Himmel. / Und Wolken, schlohweiße / Baut hochauf der Wind.“

Das Besondere des Ortes mag in seiner langen Geschichte liegen und in dem Zauber dieser Gegend im Angesicht der Alpen zwischen Starnberger und Ammersee, doch hinzu kommt eine entspannte Fröhlichkeit, verbunden mit einer lebensnahen Frömmigkeit, die die Stimmung in diesem klöster-

lich-weltlichen Areal bestimmt. Längst haben die Mönche ihr Kloster zu einem großen, blühenden Wirtschaftsunternehmen entwickelt, dessen wichtigstes Markenzeichen das berühmte Andechser Bier ist. Mit ihm und anderen selbst erzeugten Produkten erwirtschaften die Brüder so viel, dass Kloster Andechs ohne jeden Zuschuss durch Kirchensteuergelder auskommt. Die weltweite Berühmtheit garantiert dabei die Aufmerksamkeit, die dieses Kulturgut benötigt und verdient, um so erfolgreich weltliche und religiöse Werte zu vertreten.
Kloster Andechs gehört zu diesem Land, zu seinen Menschen, zu seiner Kultur. Die Carl-Orff-Festspiele im Florian-Stadl, der Andechser Orgelsommer, der legendäre Weihnachtsmarkt, der jedes Jahr an einem Wochenende im Advent stattfindet, und viele andere Veranstaltungen sind Attraktionen für Fremde, aber getragen werden sie von den Menschen, die hier in der Nähe wohnen und sich ihrem „Heiligen Berg“ zugehörig fühlen.

Info

Kloster Andechs
Bergstraße 2, 82346 Andechs
Tel. 08152 3760, www.andechs.de

Anfahrt: S8 bis Herrsching, dann zu Fuß oder mit Bus 951 Richtung Starnberg Nord bis Haltestelle Andechs, Kloster

Hoch über dem See dem Himmel so nah

Das Marienmünster in Dießen am Ammersee

Der erste Eindruck, wenn man in Dießen am Ammersee vor dem hoch über dem Ufer gelegenen Marienmünster steht, ist Musik. So harmonisch, so rhythmisch bewegt, so elegant und würdevoll tanzend zugleich erscheint die Fassade der Barockkirche, dass sie förmlich als Melodie zu spüren ist. Sechs schlanke Pilaster über einem hohen Sockelgesims gliedern die Kirchenfront wie in einem schwingenden Rhythmus in fünf etwa gleich breite Teile. Über einem Giebel schwebt eine weich geschwungene Nische in der Mitte, aus der eine überlebensgroße Figur des heiligen Augustinus mit Bibel und Bischofsstab wohlwollend auf das Kirchenvolk herabzublicken scheint.

Wie ein hochgereckter Zeigefinger weist ein Turm an der Seite himmelwärts. Die Farben sind zart und so fein wie die Formen. Weiß überwiegt, ein wenig Grau bildet einen leichten Kontrast und ein paar goldene Ornamente sind wie glänzende Tupfer zu erkennen. Alles ist leicht, fröhlich und lebenszugewandt.

Diese freundliche Fassade kann nur als Versprechen auf Lebensmut und Frohsinn im Inneren gedeutet werden, so denke ich es mir und mache mich auf, durch das in roten Marmor eingelassene Hauptportal den Kirchenraum zu betreten. Die hochgestimmte Erwartung wird ein wenig gedämpft: Ein

weißer Zettel an der Tür weist nach rechts. Dort solle man eintreten, durch den Nebeneingang also. Etwas ernüchtert folge ich der Anweisung und gehe durch eine kleine weiße Holztür, komme vorbei an einem Gruppenraum, der an Gemeindenachmittage und Bibelstunden erinnert, und stehe dann im kühlen Treppenhaus vor einer dicken Tür. Ich trete ein und es ist sehr still und dunkel um mich. Die Tür hinter mir fällt zu, ich wende mich um – und starre in entsetzte, angstvolle Gesichter verzweifelt gestikulierender nackter Menschenskulpturen, die hinter Gittern auf ihr schreckliches Ende warten! Oder befinden sie sich schon in der Hölle? Vielleicht im Fegefeuer? Ich kann den grauenhaften Anblick dieses „Kerkeraltars“ nur als furchteinflößende

Warnung auffassen: So kann es enden, wenn du vom Wege abkommst.
Am liebsten würde ich auf der Stelle den Rückzug antreten, denn damit will ich nichts zu tun haben. Eine Kirche, die ihre Besucher mit so einer Schauerlichkeit empfängt, hat bei mir schon ausgespielt. Zum Glück überwiegt die rationale Einsicht, dass der Weg hierher sich doch irgendwie lohnen sollte, und ich schaue auf die andere Seite des Kirchenvorraums. Dort gegenüber entdecke ich die Taufkapelle, darin ein marmornes Taufbecken mit prunkvoll gestaltetem Aufsatz und einem darüber schwebenden, entrückt lächelnden Engel mit goldenen Flügeln, der mir liebevoll einen besseren, tröstlichen Weg ins Kirchenschiff weist.
Ich beschließe zu bleiben, trete aus dem Dunkel des Vorraums durch das Eisengitter in den lichtdurchfluteten Innenraum und im gleichen Moment nimmt in meiner Vorstellung ein Bibelvers Gestalt an: „Ich bin das Licht der Welt" (Joh. 8, 12). Ja – hier wird dieses Licht gefeiert, hier ist der Himmel offen und die Freude am Leben mit den Händen zu greifen. Ich verstehe, warum das Deckengemälde „Dießener Himmel" genannt wird. Die leuchtenden Fresken in der Kirchenkuppel vermitteln den Eindruck, als könnte man durch sie hindurch direkt ins Himmelszelt sehen, ja, vielleicht sogar seine Seele dorthin aufsteigen lassen. Die weite, durch die weißen und goldenen Farben der Wände noch verstärkte Helligkeit des Raums lässt mich für einen Augenblick den festen Boden unter den Füßen vergessen. Wie magisch werde ich von den vielen Seitenaltären mit ihren bunt gemalten Bibelbildern hineingezogen in ein „Theatrum Sacrum", ein heili-

ges Mysterientheater. Von Seitenaltar zu Seitenaltar, von Bühnenbild zu Bühnenbild, jeweils umrahmt von Engeln, Putten und Heiligen, vorbei an der figurenreich bewegten Kanzel mit Szenen aus dem Leben des Apostel Paulus, und ihr gegenüber, der barocken Tradition entsprechend, dem hölzernen Kreuz auf einem goldenen Sternenschein um den schon entrückten Jesus, werde ich nach vorn gezogen, immer weiter und weiter, so als würden die Szenen kein Ende nehmen.

Wie spannend, wie verzaubernd auch ist dieses heilige Theater, das sich hier entfaltet! Einen Augenblick erschrecke ich, als ich an den Glasschreinen mit den ziemlich lebensecht wirkenden Überresten und den Reliquien der Dießener Seligen vorbeikomme. Doch längst habe ich verstanden, dass auch dieser Hinweis auf den Tod zum Spiel des Barocks um Leben und Sterben, um Himmel und Hölle gehört. Wir leben, soll es wohl heißen, immer eine Handbreit über dem Chaos gehalten, umgeben vom Tod, und umso mehr sollen wir das Leben feiern, sollen tanzen, lieben und beten.

Schließlich stehe ich auf der großen Bühne vor dem goldenen Hochaltar, Zentrum und alles überstrahlender Mittelpunkt der Kirche. Prachtvoll und anschaulich wird hier deutlich, dass aller Sinn durch die Auferstehung Christi geschenkt wird – die Lust, das Leid, die Freude, die Trauer verwandelt werden in goldene ewige Glückseligkeit. Ich spüre die Fülle des barocken Lebens und Glaubens, fühle mich um Jahrhunderte zurückversetzt und ahne, wie sehr der Glorienschein des Auferstandenen und die Macht der katholischen Kirche sich auf das Leben jedes einzelnen auswirkten. 1732 begann der Neubau des Marienmünsters, der Stiftskirche des Dießener Augustiner-Chorherrenstifts, das hier schon im 12. Jahrhundert als Familienkloster der Grafen von Andechs gegründet wurde. Es sollte, so die Idee des Bauherrn Propst Herkulan Karg und seines Baumeisters Johann Michael Fischer, ein Ort geschaffen werden, an dem Himmel und Erde miteinander in Beziehung treten. Was so sehr an Theaterdramaturgie erinnert, hatte seinen Ursprung in dem Ziel, die Menschen zur Umkehr und zur Demut zu bringen durch Bilder und erzählte Geschichten, immer haarscharf an der Grenze zur Komödie oder zur grausamen Tragödie entlang und manches Mal darüber hinaus. Nicht umsonst war an der Planung wohl auch Hofbaumeister François de Cuvilliés beteiligt, nach dem das barocke Theater der Münchner Residenz benannt ist (siehe Seite 23).

Beim Verlassen der Kirche schaue ich hoch zur Orgelempore und nehme mir vor, hier einmal eines der berühmten Kirchenkonzerte zu besuchen. Im Vorraum werfe ich einen schmunzelnden Blick auf die eingekerkerten armen Seelen, die mich eingangs so erschreckt hatten. Ich habe verstanden: Auch ich war Teil des Mysterienspiels, habe mich einfangen lassen und für Augenblicke die Distanz zwischen Dramaturgie und Glaube, Spiritualität und Illusion verloren. Ein bisschen erleichtert, vor allem aber sehr beeindruckt von der Schönheit, der Kraft und der Erhabenheit dieses Kirchenkunstwerks schlendere ich langsam zum Parkplatz zurück. Dort hinten liegt der Ammersee, dort baden Menschen, fahren Schiffe. Ich verspüre plötzlich eine unbändige Lust auf das ganz reale, alltägliche, moderne Leben. Dort gibt es ganz bestimmt einen

Ort, um das alles, was in mir schwingt, anzubinden an die ganz normale Lebensfreude.

Info
Katholisches Pfarramt „Mariä Himmelfahrt"
Klosterhof 10a, 86911 Dießen am Ammersee
Tel. 08807 948940, www. katholisch-diessen.de

Anfahrt: S4 oder Regionalbahn bis Geltendorf, von dort mit der „Ammerseebahn" nach Dießen

Ein Ort zum Träumen zwischen Großstadt und Heiligem Berg

Herrsching am Ammersee

Einen größeren Widerspruch kann man sich nicht vorstellen als zwischen der bildhaften Frömmigkeit des Marienmünsters in Dießen und der beschaulichen Seepromenade in Herrsching. Wenn da nicht die Engel wären, die in der Kirche ihr sinnenfreudiges, ganz und gar unätherisches Wesen treiben, die lachen und sehr erdgebundene Freuden verheißen! Diese handfesten Lebens- und Himmelsgeister bilden die gedankliche Brücke zwischen den Gegensätzen, die den Charme und den Facettenreichtum dieser Landschaft im Angesicht der Alpen ausmachen. Herrsching liegt nicht nur geografisch am anderen Ende des Sees, es ist in seiner liebenswerten Bürgerlichkeit auch weit weg von der Spiritualität des Dießener Münsters, und doch gehört das eine zum anderen, so wie auch die Nähe zu den Alpen und die schnelle Erreichbarkeit von München den Orten zwischen Starnberger und Ammersee ihre ganz besondere Prägung geben. Man ist weit weg vom Heiligen Berg und vom Marienmünster und auch weit weg von der Großstadt und doch so nah dran, dass

sowohl die geistliche als auch die urbane Ausstrahlung das Leben auf dem Land mitbestimmen.
Die mondäne Schwester von Herrsching ist Starnberg, immer etwas hektisch, immer etwas zu voll und ziemlich chic. Wer zeigen will, dass er es wirklich geschafft hat, zieht an den Starnberger See, so

nah ans Ufer wie nur möglich. In Herrsching dagegen scheint alles ein wenig gelassener zu sein, ein wenig dörflicher auch. Über dem Ort liegt ein Hauch von Sommerfrische. Genau dieser ganz uncoole, längst in die Schublade der verstaubten Wörter abgelegte Begriff trifft hier besser als jeder andere die Atmosphäre. Der Seeuferweg, die „Promenade", ist lang, die Ausflugsschiffe ziehen gemütlich ihre Bahn, man sitzt entspannt in bürgerlichen Lokalen, schaut auf den See und weiß die Ruhe, die sich ausbreitet, zu schätzen. Die eleganten Villen, vor allem die begehrten Grundstücke mit Zugang zum See, haben den ursprünglichen Charakter des Ortes nicht zerstört. Herrsching hat das kleine Wunder vollbracht und sich, allem Hype um die Berühmten und Reichen zum Trotz, seine Natürlichkeit bewahrt. Wer hier dauerhaft leben will, hat die bequeme S-Bahn-Verbindung sicherlich einbezogen in seine Überlegungen, aber vor allem wählt er ein Stück Freiheit vom Zwang, sich anzupassen an Moden und Erwartungshaltungen. Und er weiß, dass Understatement wenig mit Bescheidenheit, aber viel mit Echtheit zu tun hat. Um anzugeben und aufzufallen, ist Herrsching mit Sicherheit der falsche Platz.

Ein wenig Urlaub liegt immer über diesem Ort. Hier flaniert man nicht, sondern geht spazieren, man macht keine Shoppingtour, sondern kauft in den vielen kleinen und größeren Geschäften ein. Das ambitionierte Kino sowie Konzerte im Ort und in der Umgebung bieten Unterhaltung und Kultur, doch wer mondäne Events sucht, wird enttäuscht sein. Es gibt alles, was man braucht, doch überzogenen Schnickschnack findet man nicht.

Die Berge, die eine lange Zeit des Jahres schneebedeckt sind, und der See mit seiner Tier- und Pflanzenwelt bilden den natürlichen Hintergrund für das besondere Lebensgefühl der Menschen. In seiner Wechselhaftigkeit ist der Ammersee Inspiration nicht nur für Musiker und Maler, sondern für jeden, der Augen und Sinne aufmacht, denn nichts gibt der Fantasie so viel Nahrung wie die ständig changierenden Farben und Bewegungen des Wassers. Ein Ruderboot oder gar ein Segelschiff, wie klein oder luxuriös es auch sein mag, ist die Erfüllung eines Traums vieler, die hier zu Hause sind, denn alle Sehnsucht zieht hinaus auf den See, dessen Form suggeriert, er sei sehr groß. In Wirklichkeit ist er nur sehr rund und breit, sodass man das gegenüberliegende Ufer von mancher Stelle aus kaum oder gar nicht erkennen kann. Dort auf dem Wasser, weit weg von allem, was an Land festhält und nieder-

drückt, dort muss die Freiheit wohl grenzenlos sein! Losgelöst von den Irrungen und Wirrungen des Lebens kann man sich auf einem Boot hineinträumen in seine Wunschvorstellungen, die man doch nur in Realität verwandeln müsste, um glücklich zu sein. Wenn man es nur könnte! Auf dem See erscheinen viele Vorhaben klarer und leichter als dort, wo die Füße auf hartem Boden stehen.
So sitze ich am Ende dieses Tages in Herrsching, esse einen Ammerseefisch, fliege in Gedanken den Möwen hinterher, segle mit den im Abendlicht hereingleitenden Booten an Land, beobachte die Menschen, beneide sie ein wenig um ihre entspannte Umgebung und ahne, was gemeint sein könnte mit dem Ausdruck: den lieben Gott einen guten Mann sein lassen.

Info
Anfahrt: S8 bis Herrsching

Traumschön und voller Lebensfreude
Schloss Nymphenburg

München und seine Umgebung schimmern in vielen unterschiedlichen Facetten, die der Fantasie, der geschichtlichen und kulturellen Neugier Nahrung geben. Die pulsierende Hauptstadt Bayerns macht Lust zum urbanen Leben und ihre Umgebung lockt in die Berge und an die Seen. Ihre changierenden, sich ständig verändernden Farben des gesellschaftlichen Lebens, der Kunst, der Musik und der Geschichte geben Anlass für Offenheit und Lebensfreude und ebenso für Irritation und Nachdenklichkeit. München ist bunt und leuchtet für jeden ein wenig anders. Zum Abschluss dieser sehr persönlichen Impressionen soll ein Ort zu Ehren kommen, der auf schönste Weise Traum und Realität verbindet, so wie München selbst seine Gegensätze miteinander verschmelzen lässt und sie zu einem ganz besonderen, gleichermaßen bayerischen und internationalen Gesamtkunstwerk verwandelt.

Ein Schloss zum Träumen, zum Verlieben, zum Durchatmen, zum Auftanken, ein Ort, um zur Ruhe zu kommen und dabei ganz und gar verwoben zu werden in irrlichternde Leichtigkeit, in beflügelnde Lebenslust und wehmütige Nostalgie: Schloss Nymphenburg spiegelt die eigene Seele wider und lässt sie vor Freude tanzen. In dem wahrhaft königlich-märchenhaften Schlosspark werden Sehnsüchte wach und Erinnerungen zurückgerufen, hier kann

man mit Kindern herumtollen, mit dem Liebsten Hand in Hand die Zukunft planen – oder einfach nur bei einem Spaziergang entspannen. Schloss Nymphenburg gibt jedem, was er braucht.

Gleichgültig, von wo aus man das Schloss zum ersten Mal sieht, ob man gezielt dorthin fährt, um es zu besichtigen, oder ob man von der Brücke auf der Menzinger Straße aus, die über den kleinen Würm-Kanal führt, einen Blick dorthin wirft – jeden umfängt sofort der schwebende Zauber dieses Schlosses. Der Wunsch, dort zu verweilen, nicht nur einmal, sondern immer wieder, ähnelt einer sanften Sucht. Wo sonst auch fühlt man sich wie umrahmt von Schönheit, schwerelos und leicht? Nie kann man genug bekommen von den Räumen des Schlosses, deren Pracht gefangennimmt. Der eindrucksvollste von ihnen ist wohl der von François de Cuvilliés geschaffene Steinerne Saal, der sich über drei Geschosse er-

streckt. Im einen farbenleuchtenden Deckenfresko thront Helios im Sonnenwagen, gemalt von Johann Baptist Zimmermann. Reichlich Nahrung für Neugier und Abenteuerlust von Groß und Klein gibt es in einem der Nebengebäude im „Museum Mensch und Natur“. Die ein wenig erwachseneren Besucher können die Ausstellung der Kunstwerke aus Nymphenburger Porzellan bestaunen und das eine oder andere davon im Shop erwerben.
Die Geschichte von Schloss Nymphenburg ist so romantisch-zauberhaft wie der Eindruck, den es bis heute vermittelt. Schon der Name spricht für eine Liebesbeziehung seiner Erbauer, denn wo hat man schon einmal Nymphen als Paten für ein Schloss gesehen? Ein Geschenk aus Liebe ist tatsächlich der Grund für die Erschaffung dieser Sommerresidenz der Wittelsbacher. Es war Kurfürst Ferdinand Maria von Bayern, der aus Glück und Dankbarkeit für die Geburt des ersehnten Thronfolgers 1662 seiner Frau Henriette Adelaide diesen Sommersitz schenkte, für den sie den Namen fand. Nymphen, Feengeschöpfen also, wollte sie ihr Schloss widmen und feenhaft leicht ist es auch geworden. Die junge Kurfürstin bekam einen Schatz, den sie mit vielen künstlerischen Initiativen ausfüllte. Sicher träumte sie von großen höfischen Festen und der Begegnung mit interessanten Menschen in einem weitläufigen Park. Die Zeit war nach der Not des Dreißigjährigen Kriegs bereit, um gegen die Schrecken der Vergangenheit Schönheit, Künste und Verschwendung zu ihrem Recht kommen zu lassen. Schloss Nymphenburg wurde erbaut als ein Jubelschrei der Lebensfreude und der Sehnsucht nach Glück. Doch wie so viele große Bauten wurde auch dieser nicht in einer Generation

fertig. Das Kurfürstenpaar konnte sich noch an dem heutigen Mittelbau der Residenz und den ersten Teilen des Schlossparks erfreuen, doch alles andere wurde von den Nachfolgern geschaffen.

Heute ist der drei Quadratkilometer große Nymphenburger Schlosspark nach dem Englischen Garten der zweite große Landschaftsgarten Münchens und beide könnten unterschiedlicher nicht sein. Während der Englische Garten ein Bürgerparadies darstellt, das nichts Formelles an sich hat und in dem nach Herzenslust gegrillt, gebadet, gespielt, musiziert und gefeiert wird, erlebt man den Nymphenburger Schlosspark in ganz anderer Weise. Die aristokratisch würdevoll anmutende Anlage erinnert an die Gärten von Versailles, denen sie nachgebildet wurde. Das „Herzblut" des Parks, das ihm das Leben schenkt, ist das Wasser der Würm. Gebändigt in einem Kanal, aufgestaut in Seen und losgelassen in Kaskaden verstärkt es den schwebenden, fließenden Eindruck dieser Anlage. Wie in einem Märchengarten fühlt man sich eingeladen, auf Entdeckungstour entlang der Wasserläufe und auf den Wegen und Wiesen neben ihnen zu gehen. Wie oft man ihn auch durchstreift, nie hat man diesen Park wirklich ganz erfasst, immer wieder steht man vor einem Pavillon, den man noch nie gesehen hat, oder entdeckt eine Wasserfontäne, deren Melodie leise durch die Blätter der Bäume hindurch klingt. Wellen von Schatten und Licht, die sich in den glitzernden Gewässern vervielfältigen, leuchtende Blumenrabatten, kleine Cafés, ein Restaurant, scheinbar verwilderte Waldstücke neben den Gehwegen, Brücken und Stege, die über die Gewässer führen, und mittendrin ganze Familien von Schwänen, Gänsen

und Enten, die sich die besten Plätze an den Kanälen sichern – all das umfängt den Besucher mit jenem Elfenzauber, den die junge Kurfürstin sich vor Jahrhunderten erträumt haben muss. So weit man sich auch hineinbegibt in die Parklandschaft, von irgendwoher leuchtet im Hintergrund immer wieder das Schloss durch die Bäume hindurch, wie ein Traumbild, getaucht in die wechselnden Farben des Tages oder der heraufziehenden Nacht.
Verwandelt durch den Zauber verlässt man nach Stunden den Park durch die Tore des Schlosses und noch ein wenig trunken von der harmonischen Traumschönheit, die man aufgesogen hat, geht der Blick entlang den Kanälen der Würm hinaus aus der Märchenwelt zurück in die bunte, lebendige, sich ständig wandelnde Realität der Stadt. Wirklichkeit und Traum, Modernität und Geschichte, Aufbruch und Beharrlichkeit, Bodenständigkeit und Freizügigkeit, bayerische Tradition und gelebte Internationalität, es ist gut, dass die Gegensätze so nah beieinanderliegen. Das Beste aber, was München zu bieten hat, ist kein politisches Schlagwort, kein moralischer Richtwert, sondern ein Lebensgefühl: die Liberalitas Bavarica.

Info

Schloss Nymphenburg mit Porzellanmuseum und Museum Mensch und Natur
Schloss Nymphenburg 1, 80638 München
Tel. 089 179080, www.schloss-nymphenburg.de
Museum Mensch und Natur:
Tel. 089 1795890, www.mmn-muenchen.de

Danksagung

Ohne die Hilfe von Freunden hätte ich dieses Buch so nicht schreiben können. Durch sie wurde München für mich zur Heimat. Bei der Arbeit an diesem Buch haben mich viele von ihnen in Gesprächen auf Besonderheiten hingewiesen, die in die Texte einflossen. Ihnen allen möchte ich von Herzen danken. Ganz besonders erwähnt seien die unermüdliche Mitarbeit meiner Tochter Katharina Zander bei der Recherche, die fachkundige Hilfe aus kulturhistorischer Sicht von Antje Waschk und die Beratung von Gerd Hofmann bei allen Themen, die Musik in München betreffen. Michael Wassermann zeigte mir den Geheimtipp des Buches: das Gasthaus Isarthor. Sehr berührt hat mich die praktische und gedankliche Begleitung von Laila Scharfenberg bei der Begegnung mit der Welt des Judentums.

Schlosspark
Nymphenburg
166
NEUHAUSEN-
NYMPHENBURG
Landshuter Allee
Leonrod
Arnulfstr.
Agnes-Bernauer-Str.
Landsberger St
LAIM
Zschockestr.
BLUMENAU
Garmischer Str.
A96
Fürstenrieder Str.
HADERN
SENDLING-
WESTPARK
Würmtalstr.
Waldfriedhofstr.
Murnauer Str.
Plinganser Str.
162
151
156
144
Südpark
A95
Boschetsrieder Str.
OBERSENDLING
134
0
1
2 km

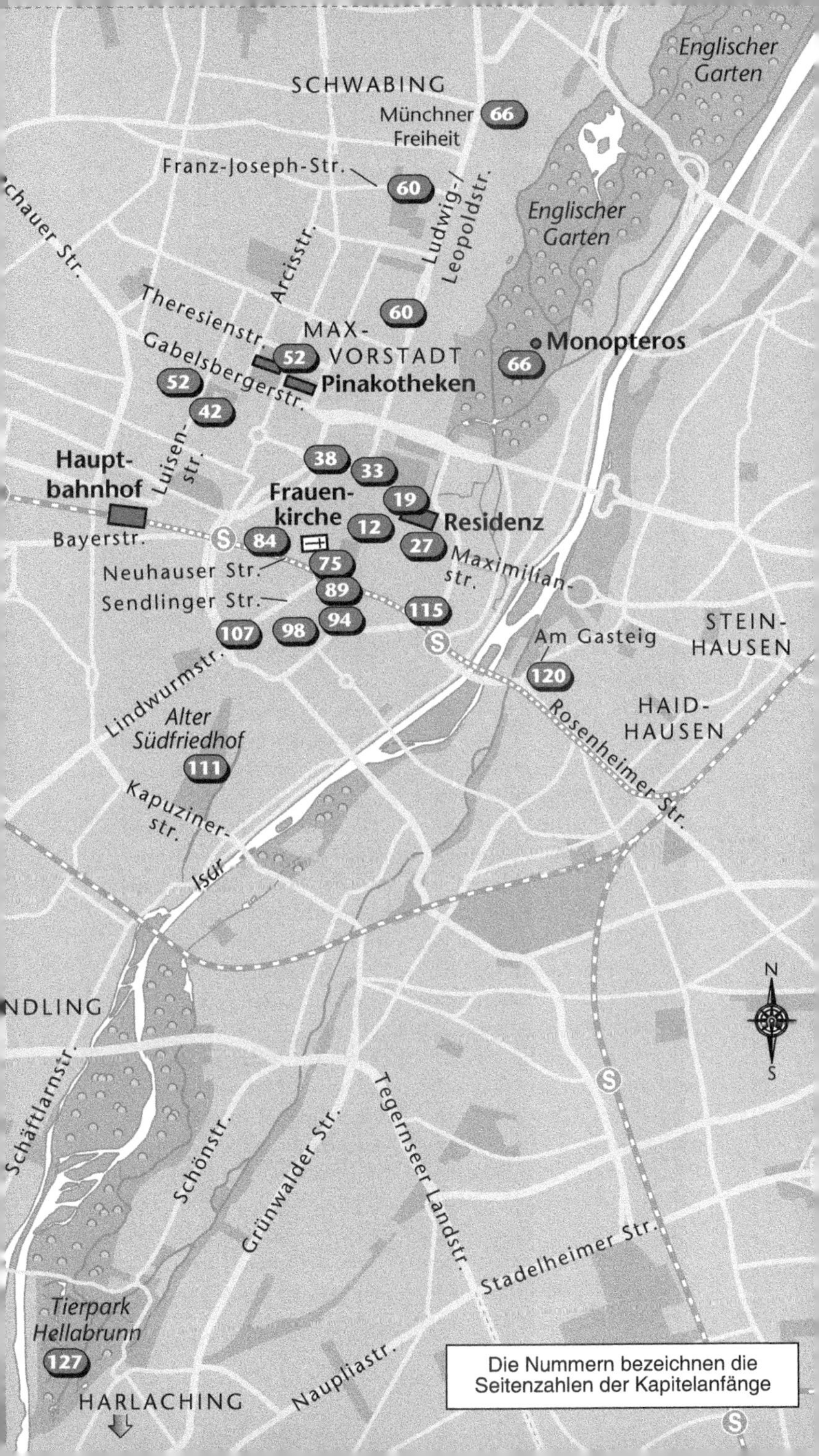

Die Nummern bezeichnen die Seitenzahlen der Kapitelanfänge

Rolf Kiesendahl
Wo es im Ruhrgebiet am schönsten ist
176 S., 18 Abb., 1 Karte, Broschur
ISBN 978-3-8319-0622-2

Der „langgediente Ruhrpott-Reporter" (FAZ) Rolf Kiesendahl stellt in diesem Buch die subjektiven Schönheiten des Reviers in ihren verschiedenen Facetten dar. Da wird die Industrieästhetik der Zeche Zollverein in Essen, von der UNESCO als Weltkulturerbe geadelt, ebenso beschrieben wie die Ruhe und Kontemplation der spätbarocken Gärten des Klosters Kamp, dem Sanssouci am Niederrhein. Recklinghausen am Nordrand des Reviers überrascht mit einem der renommiertesten Ikonen-Museen der Welt, während am Phoenix-See in Dortmund eine exklusive Wohn- und Freizeitlandschaft entstanden ist. Diese reizvollen Kontraste in verschiedenen Regionen des „Potts" ziehen sich wie ein roter Faden durch das Buch.

Karin Baron
Wo Hamburg am schönsten ist
184 S., 27 Abb., 1 Karte, Broschur
ISBN 978-3-8319-0636-9

Auf ihren Streifzügen an Alster und Elbe begegnet Karin Baron Schrillem und Stillem, Industrieromantik und Hausbootidylle, Frau Hedi und den Freaks vom Gängeviertel. Spannende Orte von HafenCity bis Reeperbahn, von Speicherstadt bis Blankenese stellt sie in diesem Buch vor. Am, auf und unter Wasser. Mit Geschichte und Geschichten, mit Weitblick und mit Innenansichten, die vom Bismarckstein ohne Bismarck bis zum Gartenzwergparadies Billerhuder Insel reichen, vom hanseatisch-imposanten Kontorhausviertel bis zum szenigen Ottensen und vom Stadtpark bis nach Wilhelmsburg. Für alle Hamburger, die mal wieder richtig hingucken möchten. Und für all diejenigen, die nicht das Glück haben, in dieser unaufgeregt aufregenden Stadt zu leben.

Astrid Vehstedt
Wo Berlin am schönsten ist
188 S., 24 Abb., 1 Karte, Broschur
ISBN 978-3-8319-0635-2

Berlin scheint sich immer wieder neu zu erfinden. Die Hauptstadt ist ein Beispiel für das Extreme, gezeichnet von den historischen und politischen Umbrüchen des 20. Jahrhunderts, von Größenwahn und Untergang. Vielleicht ist es gerade das Unfertige, das Dynamische und gleichermaßen das Brüchige und Beschädigte, was diese Stadt so interessant macht. Der Puls der Geschichte schlägt hier hörbarer als in manch anderer europäischer Metropole. Berlin zeigt eher die Schönheit des Lebendigen als die der Fassade. Und nicht von ungefähr kommen immer noch viele Kreative in die Stadt. Im permanenten Auf und Ab der historischen Prozesse besuchen wir besondere Orte, die für all diese Attribute Berlins stehen.

Karin Jacobs-Zander
Lebenslotsen. Wie Vorbilder und Werte uns leiten
Mit einem Vorwort von Helmut Schmidt
256 S., 11 Abb., Hardcover mit Schutzumschlag
ISBN 978-3-8319-0573-7

Wer will ich sein? Wie will ich leben? Wir kommen nicht umhin, diese Fragen zu beantworten. Werte sind wichtige Leitlinien in unserem Dasein. Sie bestimmen Lebensinhalte und Handlungsziele, nach denen wir uns ausrichten. Die Lebenslotsen, denen wir in diesem Buch begegnen, könnten unterschiedlicher nicht sein: das Amadeus Quartett, Anatol, Ingmar Bergman, Hella und Pierre Brice, Jonas Kaufmann, Kurt Meisel, Thomas Quasthoff, Johannes Rau, Verena Sarré, Loki Schmidt und Michael Wassermann. Sie alle verbindet, dass sie getragen werden von Werten, die Spuren hinterlassen, denen wir folgen können.

Karin Jacobs-Zander
studierte Theaterwissenschaft und Politologie, lernte Journalistik beim „Münchner Merkur", war Dramaturgin und Regieassistentin, schrieb für verschiedene Zeitungen und Zeitschriften Künstlerporträts und engagiert sich beim Freundeskreis der Evangelischen Akademie Tutzing. Ihr Buch „Lebenslotsen. Wie Vorbilder und Werte uns leiten" ist im Ellert & Richter Verlag erschienen.

Bildnachweis
fotolia: 163 (© Butterfly)
Karin Jacobs-Zander, München: 40, 103, 135, 152
Wikimedia Commons: 125 (by X); CC-BY-1.0: 132 (Henning Schlottmann); CC-BY-2.0: 73 (Lux Tonnerre); CC-BY-2.5: 86 (Diliff); CC-BY-3.0: 13 (Guido Radig), 25 (N p holmes), 29 (Christian Wolf), 35 (Oliver Kurmis), 46 + 57 (Guido Radig), 76 (Thomas Wolf), 91 (Jorge Royan), 118 + 140 (Rufus46), 147 (Joachim Blum), 157 (Richard Huber), 167 (GuidoR); CC-BY-4.0: 50 (G. Reck), 63 (Church of emac)

Umschlagfoto:
Die Mariensäule auf dem Marienplatz in München, im Hintergrund die Türme der Frauenkirche (© huber-images.de/Schmid Reinhard)

Bibliografische Information der Deutschen Nationalbibliothek
Die Deutsche Nationalbibliothek verzeichnet diese Publikation in der Deutschen Nationalbibliografie; detaillierte bibliografische Daten sind im Internet über http://dnb.d-nb.de abrufbar.

ISBN 978-3-8319-0637-6

Lektorat: Annette Krüger, Hamburg
Gestaltung: BrücknerAping Büro für Gestaltung GbR, Bremen
Karte: Peter Palm, Berlin
Gesamtherstellung: CPI books GmbH, Leck

www.ellert-richter.de
www.facebook.com/EllertRichterVerlag